子どものための
セルフ・コンパッション

マインドフルネスで自分を思いやる**81**のワーク

The Self-Compassion Workbook for Kids

著 ロレイン・ホッブス
エイミー・バレンティン

監修 小林亜希子

訳 遠藤康子

創元社

THE SELF-COMPASSION WORKBOOK FOR KIDS
By Lorraine M. Hobbs, Amy C. Balentine

Copyright © 2023 by Lorraine M. Hobbs and Amy C. Balentine
Japanese translation rights arranged with NEW HARBINGER PUBLICATIONS INC.
through Japan UNI Agency, Inc., Tokyo

このワークブックを、
これまでずっと多くの気づきと
喜びをくれた私の子どもたち、
そしてすべての子どもたちに捧げます。
本書を書くきっかけを与えてくれたのは
みなさんです。

まえがき

　目まぐるしく変化するこの世界で、自分を心から大切にし、ストレスとうまく付き合っていくにはどうすればいいのか——その方法を、子どもたちがわくわく楽しみながら学べるのがこのワークブックです。残念なことに、現代の子どもたちはみな、かつてないほどの強い苦しみや悲しみに悩まされています。未成年者のメンタルヘルスは喫緊の課題であり、一心に学ぶべき重要な年ごろである子どもたちの置かれた状況は深刻です。

　虐待、深い喪失感、コロナ禍における日々の不安、同級生からの同調圧力——子どもたちはさまざまな理由からトラウマを抱え、いっそうの助けを必要としています。にもかかわらず、メンタルヘルスの支援はまったく足りていません。

　だからこそ、子どもたちにとっては、セルフ・コンパッションが貴重な手段となります。セルフ・コンパッションとは、苦しいときに自分で自分の友だちになることです。思いやりを大きな力に一変できる絶好の機会であり、子どもであるがゆえの怖さや不安をいくらか和らげてくれるものなのです。子どもたちはだれもが、学校ではいじめっ子に、ソーシャルメディアではプレッシャーに悩まされています。

　ティーンエイジャーが自分に優しくする方法を練習し、セルフ・コンパッションを身に着けると、不安や悩みが軽くなり、希死念慮が和らぐことが、研究で示されています。また、困難に立ち向かう自分を支えてくれるセルフ・コンパッションを実践し、情緒的な力がつくと、幸福度がアップし、成長し、力を発揮できることもわかっています。マインドフルネスは、子どもたちが「いまここ」に注意を向けられるように促し、心を静めてネガティブな考えや感情を軽減する力を秘めています。セルフ・コンパッションの重要なポイントは温かさです。温かさがあるからこそ、子どもたちは自分にもっと優しく接し、自らを励まし、受け入

れることができます。この温かさとマインドフルな気づきには、問題が生じても
それに立ち向かい、力を最大限に発揮できるようにあと押しする力があるのです。
自分自身を厳しく決めつけるより、セルフ・コンパッションというレンズを通じ
て自らを励まし、建設的に批判するほうが、より効果的にやる気をかき立てるこ
とができます。それがひいては、子どもたちの成長志向を育み、失敗は人生の一
部だと考えて学びを得られることにつながることが、研究で示されています。

　このワークブックでは、子どもたちが精神力と粘り強さを身に着けられる効果
的なアクティビティを紹介しています。苦しいことやつらいことに遭遇したとき
にはとりわけ役に立つアクティビティです。また、効果的な瞑想やアクティビ
ティを年齢に適したやり方で学習できるようになっています。その多くは、私がク
リス・ガーマーと共同考案した大人向けMSCプログラムの子ども向け改良版
MSC-Tがベースになっています。

　子どもたちは必ずや、このワークブックから多くを得るでしょう。本書は、先
生方、親御さん、小児科医、児童生徒とかかわる関係者にとって、非常に貴重な
情報源であり、世の子どもたちとその親御さんすべてが持つべき1冊です。アク
ティビティを授業に取り入れれば、効果が得られることは間違いありません。

クリスティン・ネフ博士

親御さんと先生方へ

　本書は、小学生にマインドフルネスとセルフ・コンパッションを指導する親御さん、児童にかかわる職員、セラピスト、教育者を対象にした参加型ワークブックです。アクティビティは単体でも活用できますが、大人が子どもたちとともに最初から最後まで通しで取り組めば、最大の成果を得られるでしょう。前半では、マインドフルネスとセルフ・コンパッションの基本スキルを身に着けます。一方の後半では、動揺してドラゴンのように暴れ出す心をうまくコントロールする方法をはじめ、より難しいテーマや、練習や技術が多少必要となる瞑想に挑戦できるようになっています。

　このワークブックは、マインドフルネスとセルフ・コンパッションが習得できるよう、私たち著者が子どもと児童関係者向けに考案した6週間のオンラインプログラムが土台となっています。同プログラムの目的は、子どもたちにマインドフルネスとセルフ・コンパッションとはなにかを紹介し、つらいときや困難な状況でも、自分や他者と友だちになれる力をつけてもらうことです。クリス・ガーマーとクリスティン・ネフが開発した大人向け「マインドフル・セルフ・コンパッション」プログラムの唯一の公認版で、ティーンエイジャー向け「マインドフル・セルフ・コンパッション」の児童向け改良版です。

　マインドフルネスは、目の前の「いまここ」に注意を向ける方法です。そこで本書には子どもたちが自分の心と頭で目の前の「いまここ」を実感できるよう、本から離れて楽しく熱中できるアクティビティも盛り込みました。ヨガのポーズや工作、屋外活動などを通じて、子どもたちが自らの五感を呼び覚まし、周囲の環境とつながれるようにしています。

　本書に取り組む大人のみなさんもぜひ、子どもたちといっしょに全力でアクティビティに挑戦してください。競い合ったほうがうまくいくアクティビティもあ

ります。人は他者との関係や社会から多くを学ぶものです。いっしょに学び、な
にかを作り、子どもを尊重する大人を目にすることほど、子どものやる気に火を
つけることはありません。また、自分だけが難しい問題にぶつかったり、心が動
揺したりするわけではないことを、子どもが知る機会にもなります。人間ならだ
れしも困難にぶつかって苦労するし、思いやりが必要なのは自分ひとりではない
んだ、と子どもたちが理解すれば、自分に優しくできるようになるのです。

　はさみを使ったり屋外で活動したりするなど、安全確保のために大人の見守り
や指導が必要なアクティビティもありますので、本書内の指示に従ってください。

　子どもの能力は一人ひとり違います。自分が指導する子どもに不適切だと思っ
たときは、その子なりに楽しめるよう、アクティビティを工夫してください。子
どもたちと同じ視点に立ち、その反応をしっかりとうかがってください。マイン
ドフルネスは**何度も練習が必要**だということを忘れないでください。本書のア
クティビティは、子どもたちが気づきの力を養い、つらい思いをしている自分を
認め、自分に優しくできるようになることが目的です。子どもたちは自分なりの
タイミングとペースで成長し、習慣を身に着けていくでしょう。

　肩の力を抜いて練習やアクティビティに取り組んでみてください。本書はマイ
ンドフルネスを身に着ける旅への第一歩にすぎません。では、楽しさいっぱいの
旅へといざ、出発しましょう。

ロレイン・ホッブス、MA
エイミー・バレンティン、PhD

もくじ

まえがき ……………………………………………………… 4

親御さんと先生方へ ………………………………………… 6

監修者まえがき ……………………………………………… 12

第1章　自分に優しくなるには

アクティビティ 1　自分に優しくしたほうがいいのはどんなとき？ ……… 18

アクティビティ 2　虹色の呼吸法 …………………………………………… 20

アクティビティ 3　虹を追いかけよう ……………………………………… 22

アクティビティ 4　自分で自分の友だちになるにはどうすればいいの？ … 23

アクティビティ 5　自分をなぐさめるタッチ ……………………………… 25

アクティビティ 6　セルフ・コンパッションへのステップ1、2、3 …… 26

アクティビティ 7　ネコ／ウシのヨガポーズ ……………………………… 28

アクティビティ 8　風船になったつもりで呼吸をしよう ………………… 31

アクティビティ 9　思いやりの言葉探しゲーム …………………………… 32

アクティビティ 10　「いまここ」にある石 ………………………………… 33

自分だけの道具箱を作ろう ………………………………… 35

第2章　新しい集中法「マインドフルネス」を学ぶ

アクティビティ 11　サウンド・ハンターになろう ……………………… 38

アクティビティ 12　五感で味わう …………………………………………… 39

アクティビティ 13　静かなゾンビ・ウォークに挑戦 …………………… 40

アクティビティ 14　「心の子犬レベル」を知ろう ………………………… 42

アクティビティ 15　子犬の心を目で確かめよう ………………………… 44

アクティビティ 16　子犬の心をトレーニングしよう …………………… 46

アクティビティ 17　落ち着いた子犬と文字探し ………………………… 48

アクティビティ 18　呼吸の詩を書こう …………………………………… 50

アクティビティ 19　体のあちこちに感謝しよう ………………………… 52

自分だけの道具箱を作ろう ………………………………… 55

第3章　優しい心を育てる

アクティビティ 20	優しさの種を植えよう	58
アクティビティ 21	優しさに秘められた驚きの事実を探ろう	60
アクティビティ 22	かざぐるまを回して優しさを広げよう	62
アクティビティ 23	大切な人に優しさを送ろう	64
アクティビティ 24	優しい行動ってどんな行動？	66
アクティビティ 25	クレヨンの色はいろいろ	68
アクティビティ 26	自分に優しくしている？	70
アクティビティ 27	なぞなぞでひと休み	71
アクティビティ 28	優しさの願いごとツリー	72
アクティビティ 29	「自分だけの優しい願いごと」瞑想	74
アクティビティ 30	願いごとを胸に森を散歩しよう	76
アクティビティ 31	コブラのヨガポーズに挑戦しよう	78

自分だけの道具箱を作ろう 79

第4章　思いやりはスーパーパワー

アクティビティ 32	ほかの人の気持ちがわかるのはなぜ？	82
アクティビティ 33	共感にはびっくりするような力がある	83
アクティビティ 34	雲を眺めよう	84
アクティビティ 35	大切な人のハートに近づこう	86
アクティビティ 36	コンパッションの輪を広げよう	88
アクティビティ 37	「わたしみたいな子ども」瞑想	90
アクティビティ 38	パートナーと小舟のポーズに挑戦しよう	92
アクティビティ 39	コンパッションでつながろう	94
アクティビティ 40	心と心をくっつけて呼吸しよう	96
アクティビティ 41	優しいコンパッションと強いコンパッション	98
アクティビティ 42	あなたに勇気をくれるもの	100

自分だけの道具箱を作ろう 101

第5章 「いじめっ子」と「スーパーヒーロー」が対決

アクティビティ 43 「心の中のいじめっ子」を理解しよう ———— **104**

アクティビティ 44 いじめっ子を心の中から追い出そう ———— **106**

アクティビティ 45 いじめっ子を静める呼吸法 ———— **107**

アクティビティ 46 いつもと違うやり方で見てみよう ———— **108**

アクティビティ 47 色つきメガネを作って見てみよう ———— **110**

アクティビティ 48 自分の中のスーパーヒーローを見つけよう ———— **112**

アクティビティ 49 スーパーヒーローの盾を作ろう ———— **114**

アクティビティ 50 スーパーヒーローの決め台詞を考えよう ———— **116**

アクティビティ 51 スーパーヒーローってどんな姿をしているの? ———— **117**

アクティビティ 52 思いやりのあるスーパーヒーローと瞑想しよう ———— **118**

アクティビティ 53 スーパーヒーローのヨガポーズに挑戦しよう ———— **120**

自分だけの道具箱を作ろう ———— **123**

第6章 自分にとっていちばん大切なこと

アクティビティ 54 自由時間にやっていることを大調査 ———— **126**

アクティビティ 55 「絶対に譲れない価値観」を知ろう ———— **128**

アクティビティ 56 自然を探索しよう ———— **130**

アクティビティ 57 「木とわたし」瞑想 ———— **132**

アクティビティ 58 木のヨガポーズ ———— **134**

アクティビティ 59 「体の地図」を作ろう ———— **136**

アクティビティ 60 自分と約束しよう ———— **138**

アクティビティ 61 酸っぱいレモンを甘いレモネードに変えよう ———— **140**

アクティビティ 62 レモネードを手作りしよう ———— **142**

自分だけの道具箱を作ろう ———— **143**

第7章　心の中のドラゴンを手なずける

アクティビティ 63	強い感情を恐れずに受け入れよう	146
アクティビティ 64	火を噴くドラゴンのヨガポーズ	147
アクティビティ 65	からまった脳をほどこう	150
アクティビティ 66	謎の物質「ウーブレック」ってなに？	151
アクティビティ 67	感情に名前をつけて手なずけよう	153
アクティビティ 68	体に隠れた感情を見つけ出そう	154
アクティビティ 69	「和らげ、なだめて、見守る」瞑想	156
アクティビティ 70	ドラゴンと散歩に行こう	158
アクティビティ 71	なぐさめ上手なヘビを作ろう	160
アクティビティ 72	心の中のドラゴンが落ち着いたよ	162

自分だけの道具箱を作ろう　163

第8章　感謝するとしあわせになれる

アクティビティ 73	感謝の島を訪ねよう	166
アクティビティ 74	感謝すると脳ではなにが起きるの？	168
アクティビティ 75	自然に感謝を伝えよう	170
アクティビティ 76	感謝の枝を作ろう	172
アクティビティ 77	食べ物を届けてくれる自然や人に感謝しよう	174
アクティビティ 78	自分を支えている体を慈しもう	176
アクティビティ 79	コイントスゲームで遊ぼう	180
アクティビティ 80	「ポジティブな言葉」ポスターを作ろう	182
アクティビティ 81	完走おめでとう！	184

自分だけの道具箱を作ろう　187

謝辞　188

監修者まえがき

小林亜希子

マインドフルネス心理臨床センター代表（公認心理師、臨床心理士、マインドフル・セルフ・コンパッション trained teacher）

保護者・学校の先生、カウンセラーなど 子どもに関わるすべての方へ

　7年前仕事と育児を頑張りすぎて、燃え尽きたときこの本の存在を知っていれば……そう思えてならない本書『子どものためのセルフ・コンパッション』は、小学生を主に対象としたセルフ・コンパッションを学ぶための本です。保護者、学校の先生、カウンセラーなど支援職の方にも是非手にとっていただき、子どもと一緒に実践してほしい一冊となっています。ご自身にとってもセルフ・コンパッションの練習になる二度おいしい贅沢な一冊です。

　わかりやすい翻訳と、かわいいイラストを中心として、数々のマインドフルネスや、セルフ・コンパッションに関する実践的なアクティビティが81も掲載されていて、そのどれもが親子で、あるいは、教室で、プレイルームで実践していただける内容となっています。

　早速6年生の娘と、試してみましたが、「虹の呼吸」が彼女の大のお気に入りになりました。子どもが笑顔になりながら、セルフ・コンパッションの本質的なワークを楽しみながら実践していける内容ですので、手元に一冊おいていただけると、「つらいとき」「くるしいとき」「しんどいとき」「強くありたいとき」に自分を自分でなぐさめられるスキル、自分に優しくできるスキル、強くあるスキルを学ぶことができます。

今の世の中には、情報が溢れ、「もっともっと」上に行くようにかき立てるようなプレッシャーを感じる方も多いと思います。そんななか、今この瞬間にしっかりととどまることができたり、つらいときは自分に優しくしたり、自分をまもるために強くあるためのスキルを身につけておく必要があります。

　私はマインドフル・セルフ・コンパッション（以下MSC）の trained teacher として多くの人にMSCを教えていますが、一つだけ子どもと一緒に実践する際に気をつけてほしいことがあります。それは、大人にも起こる「バックドラフト」という現象で、優しさを向けたときに未解決の「優しくされなかった」時の記憶などがよみがえり、怒り、悲しみ、寂しさなどがわくことをいいます。これは自然なことなので、慌てる必要はなく、ゆっくりできる時にすすめていけば大丈夫です。このように、優しさの練習はシンプルではないことも頭の片隅においていただけると幸いです。

こどもたちへ

　この本は、自分に優しく、そして強くなるためのたくさんのアクティビティを紹介したすてきな本です。みんなが、友だとけんかしてつらいとき、先生に怒られて悲しいとき、勉強はスポーツがうまくできなくてくやしいとき、そんなときに自分をなぐさめて、優しくできるやり方がたくさん載っていますよ！　さらには、いじめられている友だちを助けたい！そんな強さが必要とされる場面に「強く立ち向かう」ためのエクササイズもあります。

　本当に強い人は、優しさをたくさんもっているものなのです。だからみんなも、この本をつかってたくさんの、「優しくなる」「強くなる」スキルを学んで、元気に成長してくださいね。

子どもたちへ

　このワークブックに挑戦しようと思ってもらえたことを、とてもうれしく思っています。自分で自分の友だちになれる方法がわかるのがこの本です。動揺したり、つらい思いをしたりして、なにもかも投げ出したくなること、腹を立てることは、だれにでもあります。それをみなさんに知ってもらいたいのです。この本で紹介するアクティビティや工作、瞑想に挑戦しながら、自分やまわりの人に優しく接する方法を学んでいきましょう。自分や、まわりの環境に、いままでとは違うやり方で注意を向ける方法も学べます。そうすれば、自分やまわりの人に厳しくせず、励ましたり、心を落ち着かせたりしながら、つらい状況を乗り越えていけるようになるからです。

　すべてのアクティビティに、とりあえず挑戦してみてください。説明を耳で聞きたいときは次のサイトにアクセスしてみましょう。楽しい工作やゲームのプリントを印刷することもできます。

http://www.newharbinger.com/50645　＊英語サイト（使用言語・音声は英語）

　どんなアクティビティにも、初めてのつもりで挑戦してください。好奇心を働かせましょう。どんなことでも、真剣にやってみれば、なにかを発見できるかもしれません。興味があることに熱心に取り組んでいると、いつのまにか時間が過ぎてしまいます。それこそが、マインドフルネスの秘訣です。

　みなさんの思いやりがスーパーパワーになりますように。そして、みなさんが自分の友だちになれますように！

ロレインとエイミーより

第 1 章

自分に優しくなるには

大切な人が傷ついたり、困ったりしているとき、「なにかしてあげたい」と思ったことはありますか？ 「大丈夫？」と声をかけたことや、助けを呼んだことがあるのでは？ 困っている人を助けようとするときのあなたは、思いやりのある友だちです。思いやりは、みんなが必要とするもの。もちろん、あなただって。だれにでも、つらいときがあります。ひどいことを言われたりされたりすれば、心が傷つきます。

　では、ほかの人の友だちになるように、自分が自分の友だちになれることを知っていましたか？ この章では、あなたがとてもつらいときに、どうやって自分に優しくすればいいのかを学んでいきましょう。自分に優しくすることを、英語では**セルフ・コンパッション**と言います。セルフ・コンパッションは、体を包む暖かい上着や、大好きな人からのハグに似ています。セルフ・コンパッションのすばらしいところは、いつもあなたのそばにいること。だれかにお願いしたり、競争したりしなくても、自分で自分に優しくすることはできます。セルフ・コンパッションは、一生懸命がんばるあなたを応援してくれる友だち、失敗したときに励まし、前に進むよう背中を押してくれる友だちのような存在なのです。

アクティビティ 1

自分に優しくしたほうが いいのはどんなとき？

　自分で自分の友だちになる練習をする前に、あなたがいま、自分にどのくらい優しくしているのか、まずは確認してみましょう。**自分にいちばん当てはまるものに、マルをつけてください。**

1. なにかに失敗すると、自分はいつも……

　　a.　もう1回、挑戦する

　　b.　あきらめる

　　c.　泣いたり、怒ったり、叫んだりする

2. いやなことがあると、自分はいつも……

　　a.　気持ちをわかってくれる人に打ち明ける

　　b.　「さみしいな」「自分がいやだな」と思う

　　c.　ほかの人のせいにする

3. だれかにひどいことをされると、自分はいつも……

　　a.　自分をなぐさめるために、心が楽になることをする（例：音楽を聴く）

　　b.　暴言をはいたり、自分を責めたりする

　　c.　相手にいじわるなことを言って、仕返ししようとする

4. ほかの人に話しかけるのが怖いなと思ったとき、自分はいつも……

    a.   自分を励ます

    b.   その人をさける

    c.   相手のことなんて気にしないふりをする

5. チャレンジしなければならないとき、自分はいつも……

    a.   リラックスできるように、深呼吸をする

    b.   あきらめる、または、やろうとすると気分が悪くなる

    c.   わざと失敗する

6. 自分とほかの人を比べるとき、自分はいつも……

    a.   「だれだってうまくいかないことはある」と考える

    b.   「自分は力不足だ」と考える

    c.   ほかの人をけなす

　自分に優しい行動は、a、b、cのどれでしょうか。「a」だと考えたあなたは、正解です。きっとaにマルがついているはずです。「b」と「c」は、困ったとき、いやなことがあったときに、子どもたちがついやってしまうことです。でも、自分の答えは気にしないでください。このワークブックは、困ったとき、動揺したときでも、自分に優しくして、うまく乗り越える方法を教えてくれる本なのです。

　さあ、自分に優しい人になるための旅へと
出発しましょう。

アクティビティ 2

虹色（にじ）の呼吸法

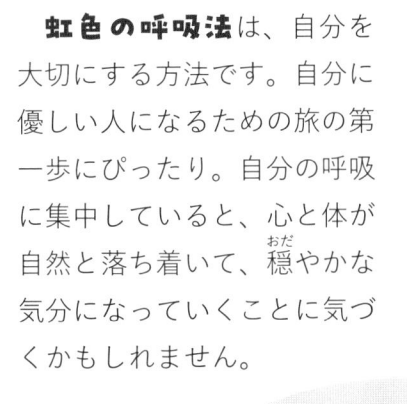

虹色（にじ）の呼吸法は、自分を大切にする方法です。自分に優しい人になるための旅の第一歩にぴったり。自分の呼吸に集中していると、心と体が自然と落ち着いて、穏（おだ）やかな気分になっていくことに気づくかもしれません。

では、自分の呼吸に集中しながら、空と大地に虹を描いてみましょう。立ち上がって足を肩幅に開きます。足の裏を地面にしっかりつけてください。両腕は体の横に下ろし、手のひらを外側に向けます。

1. 両手の指先が虹色に染まっていると想像します。

2. 息を吸いながら、両腕を空に向かって挙げていき、虹を描きます。

3. 両腕を頭の真上までもっていったら、手のひらを外側に向けます。そして、息を吐きながら腕を下げていき、地面と自分の心を虹色に染めます。

4. この動きを3回、繰り返します。息を吸ったり吐いたりしながら、空を虹色に染めましょう。

次は、椅子に座った状態で、心を落ち着かせる方法を学びます。

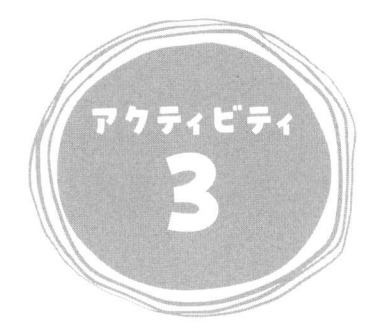

アクティビティ 3

虹(にじ)を追いかけよう

はじめに、下に描かれている空白の虹を好きな色で染めましょう。

次に、それぞれの線を指先でなぞっていきます。はじめは、息を吸いながら、左下の矢印どおりに、指で上へとなぞっていきます。虹のてっぺんに来たら、今度は息を吐きながら、下へとなぞっていきます。この動きを、ひとつひとつの色でやっていきます。指でなぞりながら息を吸い、次に吐いて、心を落ち着けましょう。

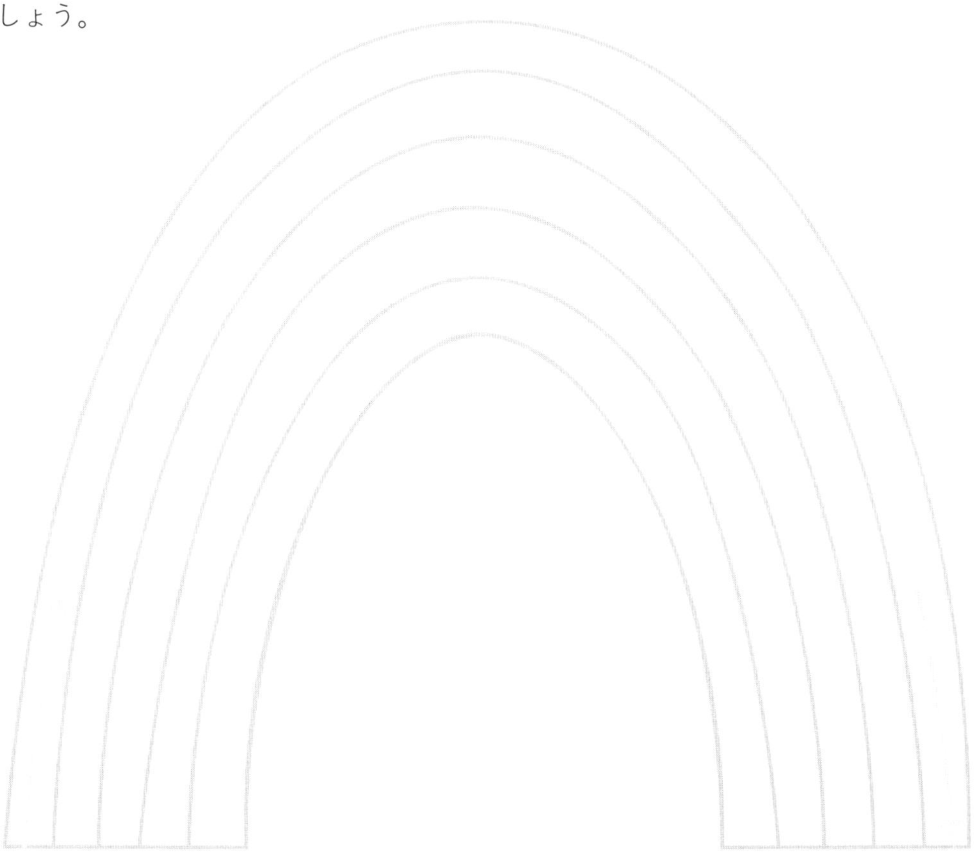

アクティビティ 4

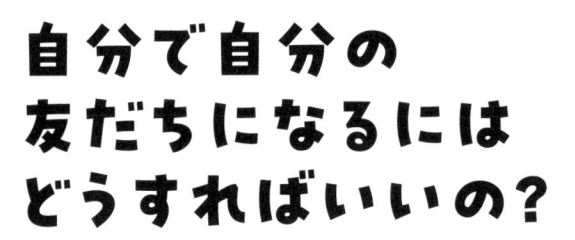

自分で自分の 友だちになるには どうすればいいの?

　自分で自分の友だちになる方法を、もう少し学んでいきましょう。**下にいろいろなできごとが並んでいます。ひとつ選んでマルをつけましょう。**

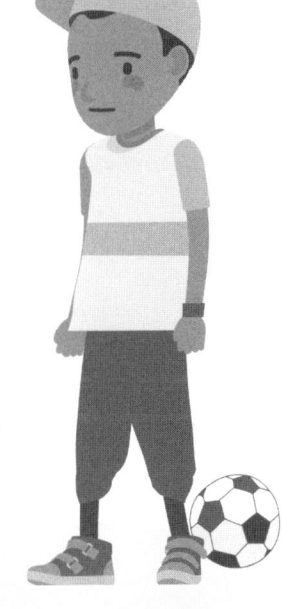

- パーティーに呼ばれなかった。
- スポーツチームのスタメンになれなかった。
- 学校で問題を起こした。
- テストで不合格になった。
- 給食の時間に仲間外れにされて、ひとりぼっちで座っていた。

　まず、目を閉じてください。それから、選んだできごとが自分の友だちに起きたとき、どうすれば親切にできるのか、優しくしてあげられるのか、考えてみましょう。**友だちをなぐさめるためにかけられる言葉、してあげられることを下に書きましょう。**

続く ➡

23

また目を閉じてください。それから、同じできごとが自分に起きたときに、自分で自分にどう接すればいいのか、考えてみましょう。**それから、自分にかけられる言葉、してあげられることを、下のふきだしの中に書きましょう。**

友だちや家族が困っているときは、優しく接しますよね。それと同じように、自分が困っているときは、自分に優しくしてもいいのです。それがセルフ・コンパッション。自分を思いやって、優しくするということです。

アクティビティ 5

自分をなぐさめるタッチ

　自分で自分に優しくふれると、脳と体が協力してなぐさめよう
としてくれます。では、自分を落ち着かせるために優しくタッチ
する方法をいろいろ試してみましょう。**下にある方法をすべて
試して、思いやりを感じられるか確かめてみましょう。**

- 両手をゆっくりとこすり合わせる。
- 片手か両手をほっぺにそっと当てる。
- 腕を交差させて、自分をそっとハグしたり、強く抱きし
  めたりする。
- 片手か両手を胸にそっと当てる。
- 片手をお腹にそっと当てる。
- 片手をお腹に、片手を胸にそっと当てる。
- お父さんやお母さん、先生などにハグしてもらう。
- 両手をぎゅっと握り合わせる。

　自分をなぐさめられる優しいタッチをすべて試したら、**いちばん気に入った
タッチを下に書きましょう。**そして、自分をなぐさめたいと思ったときには、
そうやって自分にふれてあげましょう。ここにはない、自分なりのやり方で自
分にタッチしてなぐさめてもかまいません。

25

アクティビティ 6

セルフ・コンパッション へのステップ 1、2、3

　では、自分で自分の友だちになれる簡単な3つのステップを紹介しましょう。苦しいときにはとくに役に立ちます。

　ステップ1：注意を向ける。「いまここ」に注意を向けると、自分が苦しい思いをしていることに気がつきます。つらかったときのことを思い出して、下に書いてみましょう。例：テストの点数が悪かった、だれかにいじわるされた、仲間外れにされた。

_____

_____

　ステップ2：自分に優しくする。友だちに接するように自分に接するのが、自分に親切にする、優しくするということ。元気になれるごほうびを自分のために用意するのも、自分に優しい行動です。あなたはふだん、どのようにして自分に優しくしていますか？　気持ちをラクにするために、どんなことをしていますか？　お母さんからハグしてもらう？　飼い犬をなでる？　自分の部屋で横になる？　お気に入りのクッションを抱きしめる？　自分に優しくするためになにをしているのか、下に書いてみましょう。

_____

_____

_____

ステップ3：「自分はひとりじゃない」ことを思い出す。つらい思いをしているのは、あなただけではありません。子どもはみんな、孤独を感じたり、苦しい思いをしたりしています。いいえ、大人だってそう。**「自分はひとりじゃない」と思わせてくれる人の名前をいくつか下に書きましょう。**

次は、暗号に挑戦です。アルファベットのAからZまで番号が振ってあります。このヒントを使って、下に並んだ数字の暗号を読み解きましょう。

暗号解読のヒント

A	B	C	D	E	F	G	H	I	J	K	L	M
1	2	3	4	5	6	7	8	9	10	11	12	13

N	O	P	Q	R	S	T	U	V	W	X	Y	Z
14	15	16	17	18	19	20	21	22	23	24	25	26

あなたへのメッセージ

＿＿ ＿＿ ＿＿ ＿＿ ＿＿ ＿＿ ＿＿ ＿＿ ＿＿ ＿＿　　　＿＿ ＿＿ ＿＿ ＿＿ ＿＿ ＿＿

3-15-13-16-1-19-19-9-15-14　　　2-5-7-9-14-19

＿＿ ＿＿ ＿＿ ＿＿　　　＿＿ ＿＿

23-9-20-8　　　13-5

答えはこのページの下にあります。

次のアクティビティでは、動揺した自分を大切にするための力を身に着けましょう。

答え：COMPASSION BEGINS WITH ME.（思いやりはわたしから始まります）

ネコ／ウシのヨガポーズ

　動物は目を覚ますと、背骨をぐっとそらせますよね。同じようにしてみると、体がやわらかくなります。硬くなった体を伸ばして、ストレスを軽くできる楽しいポーズなのです。心と体も落ち着いて、集中力もアップするはず。早速、やってみましょう。

1. よつんばいになります（ヨガマットを敷いてもいいですね）。

2. 両手の指を大きく開いて、体を支えます。

3. 肩とひじは床に着いた両手の真上に、お尻は床に着いたひざの真上にくるようにします。

4. 背中を平らにして、
   テーブルになりましょう。

ウシのポーズ

ネコのポーズ

5. 息を吸いながら、天井を見上げて背中をそらし、おへそを床に近づけます。

6. 息を吐きながら、頭を静かに下げて背中を丸め、おへそを引っ張り上げます。

7. この動きを3〜5回繰り返します。息を吸ったり吐いたりしながら、お腹を上げ下げしてください。

8. 息を吸いながら、またテーブルの形になったら終わりです。

次は子どものポーズです。

1. 前のページの最後の姿勢から始めます。腰とお尻を下げて、かかとと足の指のほうに近づけます。

2. 両腕を前に伸ばして、おでこを床につけます。

3. そのままの姿勢で、呼吸を2～3回したら、両手を足の横まで移動します。

4. そのままの姿勢で、静かに呼吸を2～3回し、背中を伸ばしたときの動物の気持ちになって、静かな力強さを感じましょう。

子どものポーズをすると、体が休まり、消化が進み、心拍数が下がります。

あなたの体は、意識していなくても、いつも自然に呼吸をしています。呼吸に集中すると、簡単に自分に優しくできます。

子どものポーズ

アクティビティ 8

風船になったつもりで呼吸をしよう

次の呼吸法です。仰向けで横になり、両手は体の横かお腹の上に置きます。目を閉じたり、つま先のほうを見たりしてもいいでしょう。

1. ラクに呼吸をします。

2. 次に、片手を鼻の穴の前にもっていきます。息を吐くと、温かさを感じるはずです。

3. その手を胸の上に置きます。呼吸に合わせて、胸元が上下する感覚を味わいましょう。

4. その手をお腹の上に置きます。息を吸うと、お腹が空気を入れた風船のようにふくらむのがわかりますか？　息を吸いながら、自分の好きな色の風船がふくらむところを想像してみましょう。

5. 息を吐きながら、風船から空気が抜けるようにお腹がしぼんでいくのを感じてください。

6. 息を吸ったり吐いたりしているうちに、心が落ち着き、リラックスしていくことを実感できますか？　やってみましょう。

7. 集中力を切らさずに、呼吸に合わせて、お腹がふくらんではしぼむ感覚をあと3回、味わってください。

8. 瞑想を終えたら、ゆったりと横たわり、そのままの姿勢で休みましょう。

十分に休んだら、目を開いて起き上がります。

アクティビティ 9 　思いやりの 言葉探しゲーム

では、この章で学んだ**思いやりの言葉**をもう一度、思い出しましょう。

「思いやり（COMPASSION）」、「呼吸（BREATHE）」、「友だち（FRIEND）」、「親切（KINDNESS）」、「なぐさめる（SOOTHE）」、「いっしょに（TOGETHER）」、「大切にする（CARE）」、「落ち着かせる（COMFORT）」、「虹（RAINBOW）」、「ハグ（HUG）」、「心（HEART）」

COMPASSION（思いやり）

BREATHE（呼吸）

FRIEND（友だち）

KINDNESS（親切）

SOOTHE（なぐさめる）

TOGETHER（いっしょに）

CARE（大切にする）

COMFORT（落ち着かせる）

RAINBOW（虹）

HUG（ハグ）

HEART（心）

```
F Q K          G X J
O C K W T    U I T L R
M H E A R T D  H W S G E Q B
T O G E T H E R B R E A T H E
E R A I N B O W E H T O O S C
N C O M F O R T F P H V C A X
C O M P A S S I O N N K R A F
L L H X P F T O I F E R R
M Y V C G N O L E B Q I C
W S S E N D N I K E X
N O C W J W X N V
B T U R Q D F
M T A Y V
D I R
G
```

「いまここ」にある石

　この章では、自分に優しくすることを学んでいます。なにかに集中して、心と体を落ち着ける簡単なアクティビティをもうひとつ紹介しましょう。その前に、石をひとつ見つけてきてください。大きさは手のひらにすっぽりとおさまるくらい。形や色などはどんなものでもかまいません。「いいな」と思った石を選びましょう。

　いつも通る道に落ちている石に、注意を向けることはありますか？　このアクティビティでは、五感を使って、あなたが見つけてきた石をすみからすみまで観察します。汚れているときは、始める前に洗っておきましょう。

　はじめに、**視覚**を使って石に注目します。つるつる？　ぎざぎざ？　色や模様はある？　特徴を観察しましょう。

　次に、目を閉じて、**触覚**で石を観察してみます。石を手でぎゅっと握ってみましょう。硬い？　軟らかい？　でこぼこ？　つるつる？　出っ張りはある？　まん丸？　平べったい？　温かい？　冷たい？　五感を使うことを忘れないよう、この石をいつも持ち歩くのもいいですね。

目と手を使って感じたことを書いてみましょう。

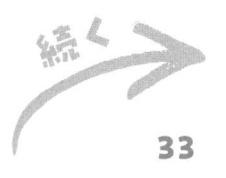
続く

33

石に集中していると、心と体が落ち着いて穏やかになりますか？

マルをつけてください。　　はい　　いいえ

　地球と同い年の石もあります。あなたの石はどのくらい前からあるのか、考えてみましょう。

**　しっかり観察したら、石をとりあえずしまってください。それから、その石について、覚えていることをできるだけたくさん、下の欄に書いてみましょう。**書き終わったら石を取り出して、記憶が正しかったかどうか、確かめましょう。

　このアクティビティで心が落ち着いた人は、いつでも取り出せるよう、石をしまっておくか、持ち歩いてもいいですね。このアクティビティは、いつでもどこでも、自分ひとりでできます。

自分だけの道具箱を作ろう

　自分に親切にすること、自分に優しくすることとはなにかを学んできました。これからは、つらいときはとくに、自分で自分の友だちになる方法を選ぶことができますね。

　この章に登場したアクティビティのなかで、また挑戦してみたいものがあれば、チェックマークをつけましょう。

___虹色の呼吸法　　　___自分をなぐさめるタッチ　　___風船になったつもりで呼吸をしよう
___虹を追いかけよう　___ネコ／ウシのヨガポーズ　　___「いまここ」にある石

分け合うことは思いやること

　友だちに教えてあげたいセルフ・コンパッションのアクティビティ、アイデアはどれですか？　教えてあげたい友だちの名前とアクティビティやアイデアを、下に書きましょう。

あなたの友だちの名前_____
分け合いたいこと_____
_____

次の章ではなにをするの……？

次の第2章では、集中しなければならないのに、
子犬のように跳ね回ってどうしても気が散ってしまう
心を落ち着かせられる「マインドフルネス」について学びます。

35

第 2 章
新しい集中法 「マインドフルネス」を 学ぶ

心が跳ね回ってばかりで、いろいろなことが気になってうまく集中できない——**そんなことはありませんか?** 一瞬一瞬に注意を向けて、自分のまわりや体の中で起きていることに注意を向けること。それがマインドフルネスです。マインドフルネスは、「いまここ」に注目して、あれこれ想像したり、未来を気にしたりして気が散らないようにする方法です。マインドフルネスを実践すると、気づきの力がつくので、「いまここ」にずっと集中し続けられるようになります。たとえば、五感を使ってリンゴを食べることに集中してみましょう。味覚、触覚、それに聴覚を使うと、リンゴを食べるときはどんな感じがするのか、よく気がつくようになります。リンゴを食べるのがもっと楽しくなるかもしれません。

マインドフルネスを練習すればするほど、もっとラクに集中できるようになります。ひとつのことに集中できるようになれば、自分の心と体を落ち着ける方法もわかってきます。この章では、わくわくする楽しいアクティビティに挑戦しながら、この気づきの力をつけていきましょう。

気づきの力をつけるために、まずは聴覚を使ったアクティビティに挑戦しましょう。耳を澄ませて音を聴き、集中する方法を学びます。心をトレーニングして、いまここで起こっていることに集中できるようになりましょう。

サウンド・ハンターに なろう

外に出て、座ってアクティビティに挑戦できる場所を見つけましょう。ただし、お父さんやお母さん、先生など、大人に必ずことわってくださいね。静かに座って、音に耳を傾けられる場所を見つけます。すご腕のサウンド・ハンターなら、あらゆる音に気づきます。しっかり集中して耳を澄ませしょう。

それから、聞こえてきた音を下の記入欄に書きましょう。

サウンド・ハンターの記録

いちばん遠くから聞こえてきた音――――――――――――――――

大きな音――――――――――――――――――――――――――

静かな音――――――――――――――――――――――――――

いちばん長く続いた音――――――――――――――――――――

楽しかった音――――――――――――――――――――――――

自分の中の音――――――――――――――――――――――――

五感で味わう

　今回は、想像力をめいっぱい発揮するアクティビティです。まずは、「自分は宇宙人だ」と想像してください。地球の食べ物を食べたことがないけれど、お腹がペコペコ。そこで、地球の食べ物をひとつ選び（チョコレートやフルーツなど）、五感をフルに使って観察してみましょう。地球の食べ物を初めて見る宇宙人だということを忘れないでください。五感を使って集中することも、気づきの力（マインドフルネス）をつけるのにぴったりの方法です。

必要なもの：フルーツやチョコレートをひとつ

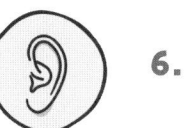

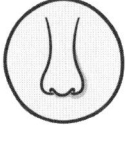
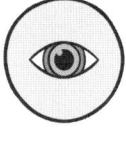
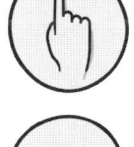

1. 地球の食べ物を手にもち、目を閉じます。
2. 指で**感じて**ください。どんな形をしていますか？　でこぼこ？つるつる？　手ざわりを確かめましょう。
3. 目で**見て**ください。どんな色？　形や大きさは？
4. 鼻で**においをかいで**ください。甘いにおい？　強烈なにおい？それとも無臭？
5. 耳で**聴いて**ください。耳に近づけて、強く握（にぎ）ったり、皮をむいたりしてみましょう。どんな音がする？
6. 舌で**味わって**ください。舌の上に地球の食べ物を載せてみましょう。また、ひと口かじって、味を確かめましょう。噛（か）んだとき、味はどう変わりますか？　飲み込んだときの感じは？

39

アクティビティ 13 静かな ゾンビ・ウォークに挑戦

ゾンビとマインドフルネスなんて、ちっとも関係ない？　でも、ゾンビになったつもりで歩くことは、マインドフルネス・ウォーキングの楽しい練習法なのです。歩きながら、自分の体や、地面についた足の感覚に注意を向けると、心と体を落ち着かせることができます。

はじめに、背筋をピンと伸ばして立ち、頭から足の裏まで意識を集中させます。それから、体を前後左右に少し揺らしてみます。倒れずにずっと立っていられるのはどうしてでしょうか？　足が全身をどうやって支えているのか、注意を向けてみましょう。

次は、ひざを曲げないようにしながら、ゾンビになったつもりで、ゆっくりゆっくり歩き始めてください。ゆっくり歩きは、いつもの歩き方とどう違いますか？　ゾンビのようにひざを伸ばして一歩一歩、前に出るとき、足の裏の感覚はどう変化しますか？

ゾンビ歩きで、前に10歩進んだら、
次は後ろに10歩下がってみましょう。

それからゾンビのように、両腕を曲げずに伸ばしたまま、前のほうに持ち上げてみましょう。最後に、ゾンビになったつもりで声を出してみてください。

ゾンビ歩きが終わったら、体の力を抜き、心と体の感覚を確かめましょう。
ゾンビ歩きと、いつもの歩き方では、なにが違いましたか？

歩くスピードを落とし自分の体に注目したとき、わかったことはなにかありますか？

ゾンビになったつもりで静かに歩いているときに、ゾンビのことや、関係のないことを考えていた自分に気がつきませんでしたか？　ひとつのことに集中していないと、心はいつのまにか、ぼんやりといろいろなことを考え始めるものです。次のアクティビティでは、心をひとつのことに向ける方法を学びましょう。

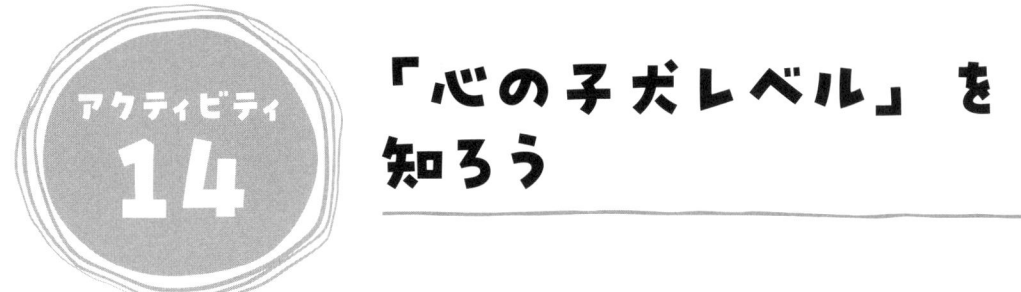

「心の子犬レベル」を知ろう

　しつけを受けていない子犬を見たことがありますか？　遊んで、食べて、眠って、やりたい放題。ルールも、トイレの場所も知りませんし、なんでもかんでも噛んでしまいます。見えるもの、においのするものが気になって忙しく、ふらふらしているうちに、迷子になってしまうことも。子犬はなにも知りません。きちんと教えてあげないと、立派なペットにはなれないのです。

　あなたの心も子犬のように**忙しい**ので、迷子になることがあります。昨日や今朝のことを思い出したり、明日のことを気にしたり。そんな調子では、集中しなければならないときに気が散ってしまいます。いらいらすることだってあるかもしれません。

集中したり、注意を向けたりしたほうがいいのはどんなときですか？　下に書いてみましょう。

_____

_____

_____

_____

42

では、あなたの心はどのくらい忙しいのでしょうか。「心の子犬レベル」を確かめるために実験してみましょう。

1. 好きな場所で、ラクな姿勢をとります。目を閉じてもかまいません。
2. 片手をお腹に、片手を胸に当てます。
3. 自分の呼吸に注意を向け、「心の錨（いかり）」を下ろします。呼吸に集中するということです。何度か息を吸ったり吐いたりして、感覚を確かめましょう。
4. 息を吸い込み、空気が胸やお腹に入っていったときの変化を感じとりましょう。
5. あなたの子犬の心はいま、どこを向いていますか？ 呼吸に集中していますか？ それとも、迷子になってしまいましたか？ 心をもう一度、呼吸に連れ戻せますか？
6. ゆっくりと目を開けましょう。

あなたの子犬の心は、呼吸に集中できましたか？
マルをつけてください。
はい　いいえ

あなたの子犬の心は忙しく跳ね回っていて、別のほうを向いてしまいましたか？
マルをつけてください。
はい　いいえ

あなたの子犬の心がなにをしていたのか、ぜひ絵で表現してみましょう。

子犬の心を目で確かめよう

アクティビティ
15

　集中する方法を学んでいるときのあなたは、自分に優しくしています。心が子犬のように忙しいと、いらいらしたり、不安になったりするもの。でも、心が静かだと、ゆっくりと休むことができ、自分に優しくできます。では、静かな心と子犬の心はどう違うのか、実験で確かめてみましょう。

必要なもの：重曹（または砂糖）、水、フタのある大きなガラスのビン

　マインドフルネスを心がけると、心は落ち着き、穏やかになり、「いまここ」に集中できるようになります。それをこの実験で確かめてみましょう。

1. ビンの口からだいたい2.5センチメートルのところまで、水を入れます。
2. 重曹（または砂糖）を1カップと少し、ビンに入れたら、フタをしっかり閉めます。

3. ビンを振って、白く濁っていく中身を観察しましょう。忙しい心は、まさにこのビンの中身といっしょ。いろいろな考えがぐるぐる回っていたり、腹を立てていたり、いらいらしたりしています。

4. あなたの子犬の心は、集中していないと、過去や未来のことを考えてばかりで、迷子になってしまいます。それを忘れないでください。

5. 水に混ざった重曹（または砂糖）が下に沈んでいくまで、ずっと観察してみましょう。水がまた、透き通ってきましたね。マインドフルネスもこんなふうに、あなたの忙しい心を落ち着かせてくれます。なにかに集中していると、ビンの中の水と同じように、忙しい考えがだんだん落ち着いてきて、心が透き通ってくるのです。

6. ビンをもう一度振って、重曹が少しずつ沈んで水が透き通っていくまで観察しましょう。今回は、重曹が沈んでいくのに合わせて、自分の呼吸に意識を向け、心と体がどう変化するのかを確かめましょう。

このアクティビティが終わったいま、あなたの心はどうなっていますか？　忙しい？　静か？　右にある絵にいまの心の状態を描き入れてみましょう。考えがぐるぐる回っているなら、くねくねした線がぴったりかもしれません。自由に描いてみましょう。

アクティビティ
16

子犬の心を
トレーニングしよう

「集中するのって難しいな」と思ったことがあるかもしれませんね。子犬の心があまりにも忙しく走り回っているときは、助けてあげないと、なかなかひとつの場所に落ち着いてくれません。そこで、子犬の心を助けてあげるために、集中力が身に着くおもしろいトレーニングを紹介しましょう。

1. 利き手ではない手を自分のほうに向けて広げます。星をイメージしながら、指をぐっと伸ばしましょう。

2. 利き手の人差し指で、広げた手の親指の付け根からてっぺんに向かって、息を吸って「1」と数えながら上になぞっていきます。てっぺんに来たら、次は息を吐きながら反対側を下へとなぞっていきます。

3. そのまま、広げた手の人差し指のてっぺんまで、息を吸って「2」と数えながら上になぞっていきます。てっぺんに来たら、次は息を吐きながら反対側を下へとなぞっていきます。

4. この動作を、小指まで繰り返します。息を吸って数を数えながら上へ、息を吐きながら下へとなぞっていきましょう。

5. 今度は逆向きに、息を吸って数を数えながらてっぺんまで、息を吐きながら下へとなぞる動作を、親指の付け根に戻るまで繰り返します。

このアクティビティに挑戦している
あいだ、あなたの子犬の心はどのくら
い跳ね回っていましたか？

このアクティビティが終わった
ときに、あなたの心はどのくらい
静かになっていましたか？　右の
数字から静かさのレベルを選び、
マルをつけましょう。

落ち着いた子犬と文字探し

これは農場です。

よく見てください。マインドフルネスのアクティビティで使われていた言葉が、あちこちに隠れていますよね。これもマインドフルネスの力をつけるいい練習です。

隠れた言葉：
- PUPPY MIND（子犬の心）
- ZOMBIE（ゾンビ）
- BREATH（呼吸）
- ATTENTION（注意）
- MINDFUL（マインドフル）

呼吸の詩を書こう

次のページに、BREATH（呼吸する）の頭文字を使った詩が書かれています。この詩を読んで、頭に思い浮かんだイメージを絵にしてみましょう。

Busy mind （忙しい心）

Restless body （そわそわする体）

Enjoy a breath （呼吸を楽しむ）

Anchor attention （「心の錨」を下ろそう）

To this moment （この瞬間）

Here and now （いまここ）

Easy, flowing breath （心をラクにして呼吸しよう）

アクティビティ **19**

体のあちこちに 感謝しよう

　第2章では、集中力をつけ、子犬のように跳（は）ね回る心を落ち着かせて静かにする方法を練習しました。では、練習の成果を活かして、自分の体をもっと意識し、自分に優しくするにはどうすればいいのかを、学びましょう。

1. 仰向（あお）けに横になるか、背中を伸ばして座り、ラクにします。

2. 呼吸に注意を向けましょう。自然な呼吸はどんな感じがしますか。第1章では風船になったつもりで呼吸をしました。そのときのように、息を吸ったり吐いたりすると、お腹がふくらんだりへこんだりしますね。

3. 注意を下半身から足先に向けて、冷たさ、温かさなど、感覚を確かめましょう。

4. 次に、毎日毎日、あなたの体を支え、ほかのところに連れていってくれる太もも、ふくらはぎ、足首、ひざに、思いやりを向けましょう。

5. 今度は、注意を上半身に移動します。ふくらんだりへこんだりしているお腹や肺を意識し、それぞれの部分に感謝しましょう。

6. 心臓の鼓動（こどう）に注目し、「いつも一生懸命動いてくれてありがとう」と感謝しましょう。

7. 子犬の心が動き出して、ほかのことを考えていることに気づいたら、注意をそっと体へと戻してあげます。

8. 次に、両腕、両手、指に注意を向け、その感覚を確かめましょう。両手両腕で、ものをさわったり、持ったり、作ったり、手をつないだりしている感覚を思い出します。

9. 体に痛むところ、あざができているところはありませんか？　頭が痛い人は？　そんなところがあるなら、その部分を思いやって、優しくしてあげましょう。痛い部分に手を当てて、そっとなでてあげてもいいでしょう。

10. 最後に、頭に注意を向けてください。がっしりとした頭蓋骨が脳をしっかりと守ってくれていますね。それから、目や口、あごのまわりの筋肉に意識を向けましょう。顔の筋肉から力を抜くことはできますか？

11. 最後に、自分の入れ物である体に思いやりを向けて、感謝しましょう。安全で、元気に暮らしていけるのは、あなたの体が一生懸命働いてくれるからです。いたわってあげましょう。

静かに目を開けて、次のページに描かれている体の絵を見てください。いたわってあげたい部分にはハートやばんそうこうの絵を、リラックスしている部分にはスマイリーのマークを、感謝したい部分には親指を立てた絵を描き入れましょう。

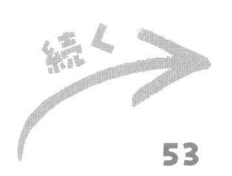

自分だけの道具箱を作ろう

マインドフルネスが理解できましたね。心と体を落ち着かせるために、これからはマインドフルネスを使っていきましょう。

この章に登場したアクティビティのなかで、また挑戦してみたいものがあれば、チェックマークをつけましょう。

___ サウンド・ハンターに
なろう

___ 五感で味わう

___ 静かなゾンビ・ウォー
クに挑戦

___ 「心の子犬レベル」を知ろう

___ 子犬の心を目で確かめよう

___ 子犬の心をトレーニングしよ
う

___ 落ち着いた子犬と文字
探し

___ 呼吸の詩を書こう

___ 体のあちこちに感謝し
よう

 ## 分け合うことは思いやること

友だちに教えてあげたいマインドフルネスのアクティビティ、アイデアはどれですか？　教えてあげたい友だちの名前とアクティビティやアイデアを、下に書きましょう。

あなたの友だちの名前 _____

分け合いたいこと _____

_____

次の章ではなにをするの……？

第3章では、自分に優しくする方法、
自分で自分の友だちになる方法をもっとたくさん学びます。

55

第 3 章

優しい心を育てる

お父さんやお母さん、先生、スポーツチームのコーチまでみんな、優しさは大切だと言いますよね？ それはなぜかというと、優しい人は友だちと仲良くなれるから。優しさは、フレンドリーで、心が広くて、自分や他者を大切にすることでもあります。最近、だれかに優しくしましたか？ そのとき、どんな気持ちがしましたか？ 気分がよくなったのなら、それはあなたの脳から「しあわせホルモン」が出たからです。他者や自分を大切にしたときに心を明るくしてくれるもの、それがしあわせホルモンです。

この章では、自分や他者に優しくすることの大切さを学びましょう。仲良しの友だちに接するように自分に接すると、優しさの力が鍛えられ、もっと強くなれます。心が傷ついたときや悲しいときは、どんな気持ちになりますか。「もうどうでもいい」と投げやりになったりしますよね。でも、自分で自分に優しくする方法を練習していくと、その優しさのおかげで、勇気あふれる心がどんどん強くなっていくのがわかるはずです。優しさは、人を気づかい、人とつながり、困難をやっつけてくれるスーパーパワーなのです。

アクティビティ **20**

優しさの種を植えよう

優しさを育てるときは、種を植えるのがいちばんです。植物は、水や太陽などの栄養がないと大きくなれません。そしてあなたと同じように、優しい言葉も必要です。

他者を思いやり慈（いつく）しむと、脳内では新しい細胞が生まれて大きくなり、前向きな気持ちが強くなり、他者とつながれるようになります。生き物はみな、人でも植物でも、優しく接してあげると、強く健やかに成長します。

必要なもの：直径10センチくらいの植木鉢1つ、花や野菜の種1袋、鉢植え用の土（または庭の土）少し、飾り用のシール、ペン、（あれば）絵の具

やり方：

まずは、植木鉢を飾りつけましょう。心の中で育てたいことを言葉や絵、絵文字やマークにして、ペンや絵の具で表現してください。シールを貼（は）ってもいいですね。

飾りつけたら、土を入れて種を植えます。土と種はのどが渇いているので、水を少しかけてあげましょう。芽が出て大きくなるよう、水やりをし、ときどき日光に当てることも忘れないでください。心の中に優しさを育てるようなつもりで面倒を見ましょう。

優しさの種を植える方法はほかにもあります。植木鉢と種がないときは、次のページに描かれた絵と文字をきれいに塗ってあげましょう。

アクティビティ 21

優しさに秘められた 驚きの事実を探ろう

　次は、子犬の心を散歩に連れ出して迷路に挑戦し、トレーニングができているかどうかを確かめましょう。迷路を進んで優しさに秘められた事実を探すあいだ、ずっと集中していられますか？ゴールしたら、質問に答えてください。

ここから
スタート

　ゴールしたあとの質問：優しさに秘められた事実のなかで、いちばん好きなのはどれですか？　迷路の中の文字をマルで囲むか、下に書いてください。

_____

_____

_____

優しさがあると……

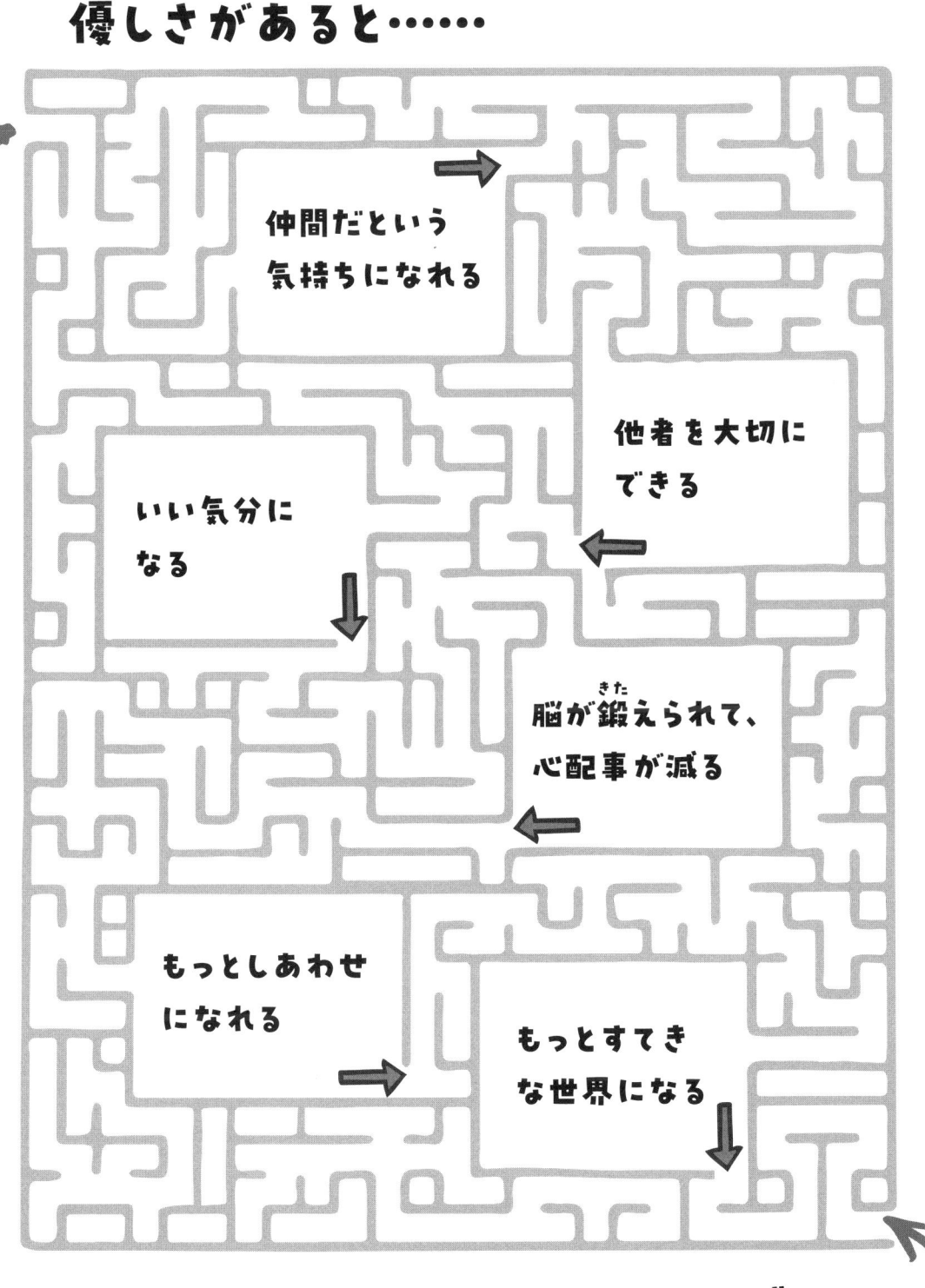

仲間だという
気持ちになれる

他者を大切に
できる

いい気分に
なる

脳が鍛えられて、
心配事が減る

もっとしあわせ
になれる

もっとすてき
な世界になる

ゴール

アクティビティ 22

かざぐるまを回して優しさを広げよう

かざぐるまに息を吹きかけてくるくる回し、呼吸の力を実感しましょう。まずは、かざぐるまをつくります。

必要なもの：好きな色の厚紙、はさみ、スティックのり、クレヨンまたはペン、押しピン、ビーズまたは小さなボタン、消しゴム

やり方：

1. 厚紙を切って、1辺18センチメートルの正方形を2枚用意します。このサイト（http://www.newharbinger.com/50645）から型紙をダウンロードして印刷することもできます。

2. 正方形に切った厚紙の表に、好きな絵や模様を描きます。そのあいだ、しっかり集中しましょう。

3. 厚紙を切るときは集中し、手を切らないよう気をつけましょう。大人に助けてもらってもかまいません。

4. 厚紙の裏にのりをつけ、2枚を重ねて貼り合わせます。これで、両面に模様が描かれた1枚の紙になりました。のりが乾いたら、5の作業に進みます。

5. 紙の真ん中にしるしをつけます。それから、4つの角から真ん中に向かって、半分くらいまで切り込みを入れます。難しいときは大人の手を借りましょう。

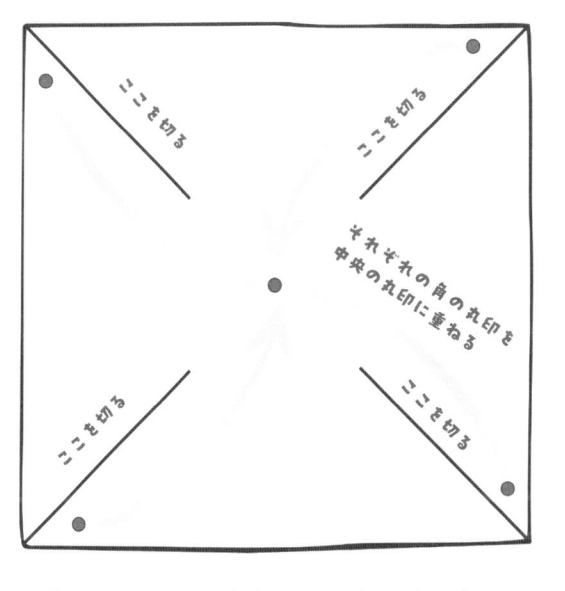

6. 切り込みを入れたら、1つの角の先にのりをつけ、真ん中のしるしにもっていて指で押さえ、くっつくのを待ちましょう。折り目はつけません。

7. 向かい側の角の先にものりをつけ、同じように真ん中にもっていき、くっつけます。ほかの2つの角も同じようにしましょう。これで、4つの角が真ん中に集まって、かざぐるまの形になったはずです。

8. 4つの角が重なった真ん中に押しピンを刺して、固定します。

9. かざぐるまを裏返して、押しピンの先をビーズかボタンの穴に通したら、消しゴムに刺します。かざぐるまがくるくる回るよう、消しゴムとかざぐるまのあいだにすきまを空けてください。

では、かざぐるまに息を吹きかけてみましょう。くるくると回りますね。このかざぐるまを使って、マインドフルネスの呼吸を練習してみましょう。くるくる回るかざぐるまが、世界中に優しさを広げているところを想像してみてください。優しさを必要としている友だちなど大切な人に優しさを届けましょう。あなたには優しさを届ける力があるのです。

大切な人に優しさを送ろう

　次は、短い瞑想に挑戦しましょう。自分の心を静め、なぐさめながら、他者に優しくする力を鍛えられるよう、優しさを送ります。送りたい人が思いつかなくても大丈夫。そんなときは、自分に向けて優しい言葉を送りながら呼吸をしましょう。

1. 横になるか、椅子に座り、ラクにします。目を閉じて、大切な人を思い浮かべてください。思い出すだけで笑顔になる人、心が温かくなる人がいますよね？

2. 次に、その人の姿を心の中にはっきりと描きましょう。友だち、おじいさん、おばあさん、お父さん、お母さん、きょうだい、ペットなどの姿をはっきりと思い描いたら、しばらくそのままでいます。

3. 片手を胸に当てるか、両手で自分をハグし、思い描いた人やペットを優しく抱きしめているところを想像しましょう。

4. あなたにハグされたその人が、とてもうれしそうに笑っているところを想像しましょう。

5. 十分に時間をかけて、特別な人やペットに温かい気持ちを送りながら、自分の気持ちに注意を向けてみましょう。

6. その人やペットに優しさを送りながら、自分がいっしょにいるところを思い浮かべましょう。それから、「あなたがしあわせでありますように。優しさが届きますように。友情が届きますように」と2回繰り返します。

7. 次に、大切な人に優しさを送った自分の気持ちに集中してください。その気持ちを表す言葉を心の中で唱えてみましょう。

8. 終わったら、目を開けます。

あなたはだれに優しさを送りましたか？ _____

　この瞑想に挑戦して、その人をもっと思いやるようになったり、その人との結びつきが強くなったりしましたか？　**いまの自分の気持ちにいちばん近いイラストを選んで、マルで囲みましょう。**

優しい行動って どんな行動?

　大切な人に優しさを送る練習をしたあとは、優しさを示すほかの方法を考えていきましょう。**次のページに書かれた優しい行動を見て、今週中にやってみたい行動をひとつ選んでください。**空欄がひとつあるので、自分で考えた優しい行動を書き入れてみましょう。チャートは、色を塗ったり壁や冷蔵庫に貼ったりして、優しさを広げる方法がたくさんあることを思い出せるようにします。自分に優しくすることも忘れないで。

優しい行動サーチ！

優しい行動ってどんな行動？

- 自分と違うタイプの子をよく知ろうと努力する
- ほかの人が散らかした場所を片付ける
- 家や学校で手伝いをする
- 家や学校にある植物に水やりをする
- だれかをほめる
- ひとりぼっちの子を、お昼ごはんか作業にさそう
- つらい思いをしている友だちに「なぐさめの言葉をかける
- ご飯を作ってくれた家族に「おいしかった」と感謝する
- ご飯の準備を手伝う

クレヨンの色は
いろいろ

　科学者によると、自分と似ていると思えると、親切心が強くなるのだそうです。見た目、服装、食べるものが似ていない人より、似ている人に、もっと優しくしたくなるわけです。でも、自分とあまり似ていない人でも、親切にしなければなりません。もしかしたら、そのほうがもっと大事かもしれませんね。

　だれもがみんな、似ている世界を想像してください。あまりおもしろくありませんよね。では、だれもがみんな、自分と似ていても似ていなくても人に優しい世界を想像してください。

自分とは違う人にも優しくするには、どうすればいいでしょうか？

_____

_____

_____

_____

クレヨンの箱に書かれた詩を読んでみましょう。
　箱入りクレヨンがみんな同じ色だったら、きっとつまらないはず。同じことは、人間にも言えます。自分と違う人がいるからこそ、世界はもっと広くて、カラフルで、楽しいのです。

「わたしたちは箱入りクレヨン。みんなそれぞれちがう色。でもね、みんなで力を合わせると、絵が完成するんだよ」
——シェーン・ディロルフ著
『The Crayon Box that Talked』より

自分とは違うタイプの友だちを4人、思い浮かべてください。ビデオゲームが好きな子、運動が好きな子、違う言葉を話す子——いろいろいます。**その4人のすてきなところを下のクレヨンに描いて、好きな色で塗りましょう。**

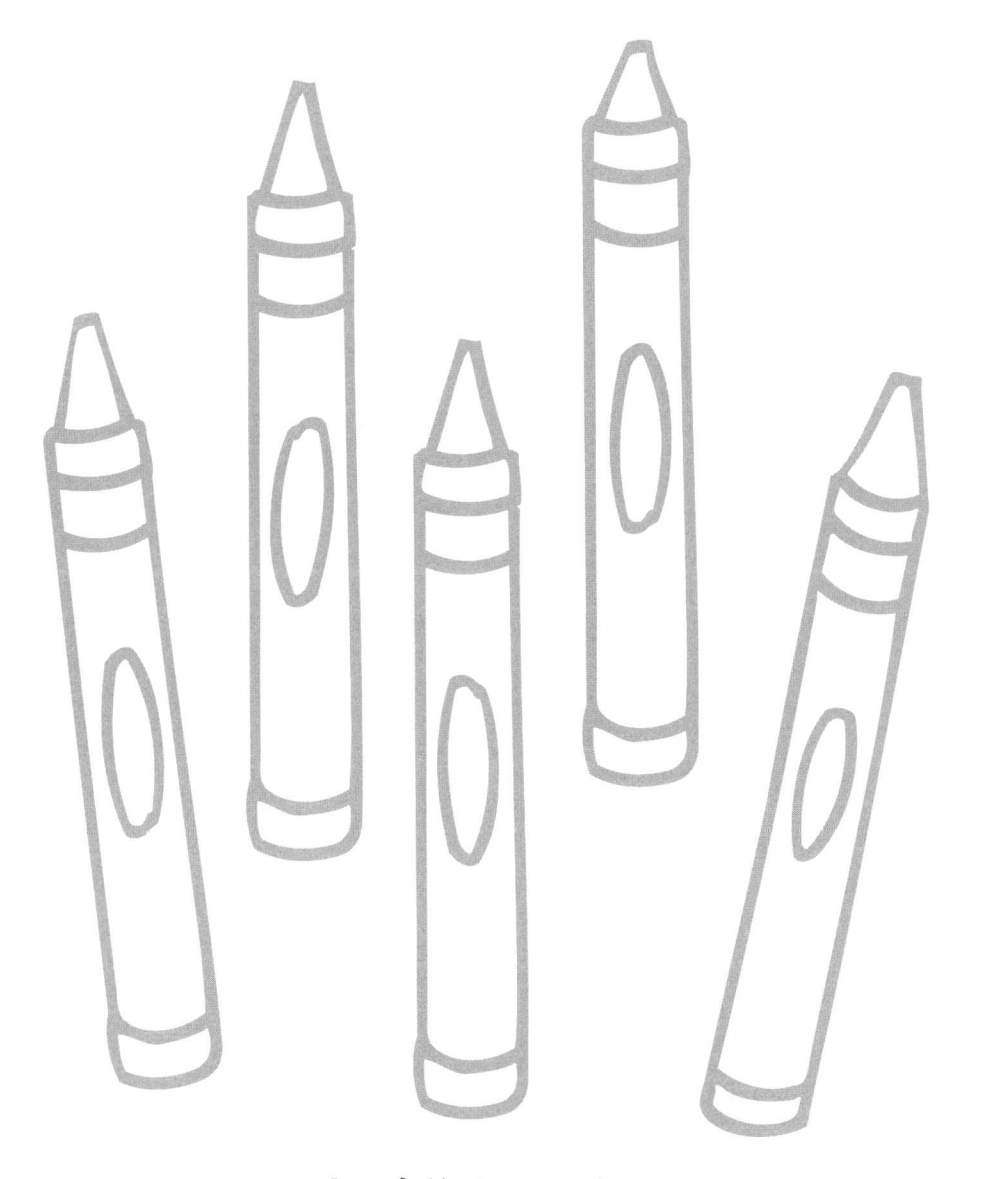

1本は自分用にしてね！

アクティビティ 26

自分に 優しくしている?

優しさの輪にいろいろな人を迎え入れることの大切さが、よくわかりました。では、自分に優しくする楽しい方法を練習しましょう。

はじめに、自分に優しくするとどのような気持ちになるのか、思い出してください。

あなたはもう自分に優しくしていますか? どんなふうに優しくしているのか、下に3つ書きましょう。

1._____

2._____

3._____

アクティビティ 27

なぞなぞでひと休み

　言葉を使ったパズルに挑戦しましょう。右下の数字表を使って、次のなぞなぞを解いてください。

問題：タダなのにとても価値があるもの、なあんだ？

K ＿ ＿ ＿ ＿ ＿ ＿ ＿

3-1　2-4　3-4　1-4　3-4　1-5　4-4　4-4

　数字表の読み方：

ステップ1：「K」の下に「3-1」と書かれています。
ステップ2：1つ目の数字「3」を、数字表の縦の列から見つけます。
ステップ3：2つ目の数字「1」を、数字表の横の列から見つけます。
ステップ4：2つの数字をたどってぶつかったところに書かれているアルファベットを確認します。
ステップ5：最初の欄は「K」になります。同じ方法で、残りの空欄に当てはまるアルファベットを見つけましょう。

	1	2	3	4	5
1	A	B	C	D	E
2	F	G	H	I	J
3	K	L	M	N	O
4	P	Q	R	S	T
5	U	V	W	X	Y

答え：kindness（優しさ）

アクティビティ 28

優しさの 願いごとツリー

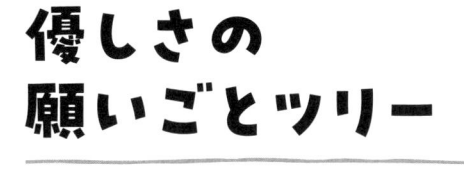

　優しい言葉を口にすると、自分で自分の友だちになれます。あなたが好きな優しい言葉はなんですか？　それを知っていると、「自分には勇気があるんだ」「いつでも強い自分になれるんだ」と思えます。

　では、優しい言葉を使って、自分だけの願いごとを唱えられる、簡単な方法を試しましょう。下に並んでいる「自分だけの優しさの願いごと」から、好きなものを好きなだけ選んでください。ここにはない願いごとを自分で考えてもかまいません。まずは、「わたしがいちばん好きな願いごとはどれかな？」と自分の心にたずねてみましょう。

自分だけの優しさの願いごと

穏やかになりたい　　　　　　　いい友だちになりたい

ハッピーになりたい　　　　　　安心したい

勇気がほしい　　　　　　　　　認められたい

強い心がほしい　　　　　　　　愛されたい

仲間になりたい

選んだ願いごとを、次のページにある願いごとツリーに下げましょう。
その言葉は、あなたが自分に向けて送る願いごとです。自分で自分に言い聞かせる言葉ですから、よく考えて選んでください。

73

アクティビティ 29

「自分だけの 優しい願いごと」瞑想

　自分だけの優しさの願いごとを、声に出して言う練習をしましょう。ポジティブになれる習慣が身に着きます。悲しいときやつらいときにはきっと、この願いごとがあなたの心を静め、なぐさめてくれるはずです。

1. ラクな姿勢で目を閉じます。準備ができたら、片手を胸に当てましょう。心が落ち着き、自分を大切にできるところなら、体のどこでもかまいません。

2. 呼吸をしながら、吸い込んだ空気が鼻から胸、お腹へと入っていき、また外へと吐き出される流れを意識しましょう。

3. 胸に手を当てている人は、手と心臓、呼吸がいっしょに動いている感覚に注意を向けましょう。ひと休みします。

4. 次に、自分にこうたずねましょう。「悲しいとき、つらいときに、どんな言葉をかけてもらえると心がラクになる？」と。すぐに思い浮かぶ人もいるでしょう。お父さん、お母さん、おじいさん、おばあさんからかけてもらった優しい言葉を覚えている人もいるでしょう。思い浮かんだ言葉はあなただけのもの。だれのものでもありません。自分だけの言葉として心に刻み、大切にしましょう。例：「わたしは強い」「わたしは勇気がある」「わたしは穏やかで落ち着いている」

5. その言葉をあと2回、ゆっくりと声に出して言って、心にしっかりと刻みましょう。

6. 体の力を抜いて、呼吸に意識を向けましょう。

7. 自分だけの優しさの願いごとを唱えました。そのときの気持ちよさを味わいましょう。

この優しさの願いごとをいちばん耳にしたいのはどんなときですか？その場面を考えて、下に書いてみましょう。

1. _____

2. _____

3. _____

願いごとを胸に
森を散歩しよう

　植物や動物のために願いごとをするのも、勇気あふれる優しい心を育てるのに役立ちます。家の近所や森、海岸、山の散歩道へと散歩に出かけましょう。そのときは、家族や先生から許可をもらうのを忘れずに。散歩中は、見える景色、聞こえてくる音を意識しましょう。

　動物や植物、木々を目にし、音を耳にして、おもしろいなと思ったことがあったら、ほんの少しだけ、全神経を集中してください。「自分の目はタカのように鋭く、耳はシカのようになんでも聞き分けられるのだ」と想像しましょう。

　散歩中に発見したものに優しい願いごとを送りましょう。植物も動物もすべて、優しさを必要としています。「元気で長生きしてね」と願ってみませんか。

　生い茂った葉がつくる日陰や、きれいな空気。人間を支えている自然の力に、感謝の気持ちもわいてくるかもしれませんね。

　美しい鳥の羽や葉っぱなど見つけたら、家に持ち帰って、このワークブックに貼りましょう。発見したものの絵を描きましょう。

　次のページに、散歩中に見つけたものを貼ったり、描いたりしましょう。また、自然に向けてどんな願いごとを送ったのか、書いてみましょう。

77

アクティビティ **31**

コブラのヨガポーズに挑戦しよう

体を動かすことも、自分を大切にするための練習になります。背中の筋肉を鍛え、勇気あふれる心を解放できるヨガのポーズを学びましょう。ストレスを感じたときに効果があり、自分の心と体、頭に優しくできるポーズです。

1. うつ伏せになって足をまっすぐに伸ばし、足の甲を床につけます（ヨガマットがある人は使いましょう）。
2. 肩の横に両手をつき、指を大きく開きます。
3. 手のひらで床を強く押して腕を伸ばし、背中の筋肉を使って上半身を持ち上げます。
4. 腰から下を床につけたまま、コブラになったつもりで、上半身を上にぐっと伸ばし、空を見上げます。
5. そのままの姿勢で、呼吸を2回から4回繰り返したら、上半身を床に下ろします。頭を横に向けて床に下ろし、休みます。
6. コブラの動きをもう1回やったら、今度は頭を反対方向に向けて床に下ろし、休みます。

コブラのように動きながら、長く力強く伸びる自分の体に感謝しましょう。

78

自分だけの道具箱を作ろう

自分や他者、自然のあらゆる生き物に優しくするための道具がまた増えました。

この章に登場したアクティビティのなかで、また挑戦してみたいものがあれば、チェックマークをつけましょう。

___ 優しさの種を植えよう

___ 優しさに秘められた驚きの事実を探ろう

___ かざぐるまを回して優しさを広げよう

___ 大切な人に優しさを送ろう

___ 優しい行動ってどんな行動?

___ クレヨンの色はいろいろ

___ 自分に優しくしている?

___ なぞなぞでひと休み

___ 優しさの願いごとツリー

___ 「自分だけの優しい願いごと」瞑想

___ 願いごとを胸に森を散歩しよう

___ コブラのヨガポーズに挑戦しよう

 ## 分け合うことは思いやること

　友だちに教えてあげたいセルフ・コンパッションのアクティビティ、アイデアはどれですか?　教えてあげたい友だちの名前とアクティビティやアイデアを、下に書きましょう。

あなたの友だちの名前 _____

分け合いたいこと _____

次の章ではなにをするの……?

思いやりは、あなたをどんなふうになぐさめてくれるのでしょうか。思いやりがあると、ほかの人とうまく健全な方法でつながれるのは、どうしてでしょうか。第4章では、永遠に続くスーパーパワーの「思いやり」について、もっと学んでいきます。

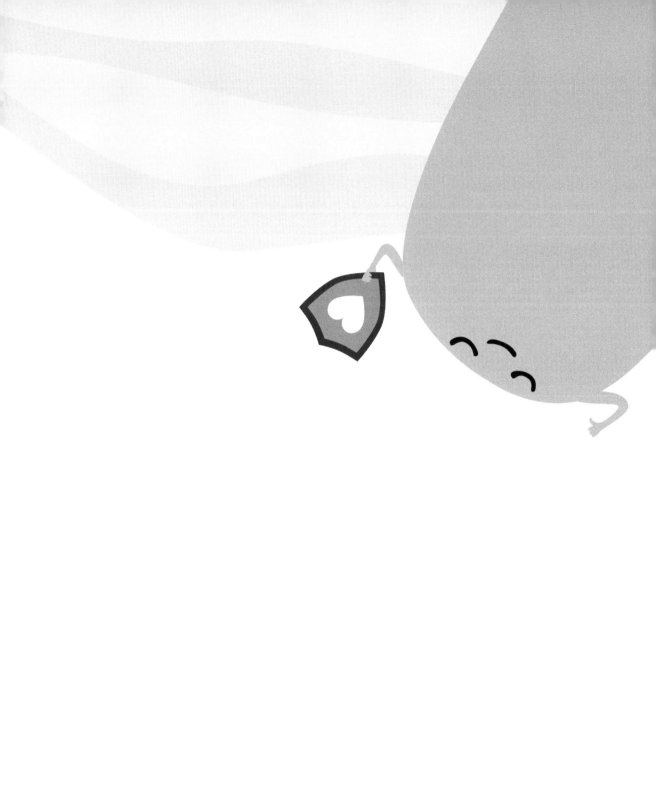

第4章

思いやりは
スーパーパワー

友だちがつらい思いをしているところに居合わせたことはありませんか？ 心が傷ついていたり、具合が悪かったり、苦しそうな友だちがいても、どうしたらいいのかわからないことがありますよね。そんなときに頼れるスーパーパワー、それが**コンパッション**です。このスーパーパワーを使うと、「あなたを心配している」ことを伝えられます。ほかの人と友だちになれます。自分や他者を思いやるこのスーパーパワーを発揮して、もっとすばらしい世界を作り出し、脳を鍛えましょう。

コンパッションを発揮するときに大切なのは、困っている人の存在に気がつくこと。困っている人に気づけるのは、その人の気持ちを自分も感じるからです。感情は「伝染する」ことを知っていますか？ あなたの脳は、ほかの人の気持ちを察知することができます。これが「共感」です。この章では、あなたのもつ共感がどのように働くのかを学んでいきます。脳内には、共感のスイッチを押してくれる敏感な細胞があります。その細胞があるからこそ、他者の立場で考えることができるのです。共感すればするほど、脳も鍛えられ、コンパッションもどんどんパワーアップしていきます。

ところが、コンパッションには2つの顔があります。ひとつは、第1章で学んだ「優しいコンパッション」です。愛情たっぷりで、優しく、穏やかな顔をしています。もうひとつは、「必要とあらば立ち向かう強さをあなたに与えてくれるコンパッション」です（Neff 2021）。この章では、大変な場面であなたを励まし守ってくれる、強いコンパッションを学んでいきましょう。

ほかの人の気持ちが
わかるのはなぜ？

　共感は、脳がもっている特別なパワーです。このパワーがあるからこそ、他者の気持ちをあなたも感じることができます。友だちが悲しんでいたり、がっかりしていたりすると、その気持ちがわかるときがありますよね。わかっていても、それに気づいていないこともあるかもしれません。共感は、他者の身になって、その人と同じように考えるということなのです。

　では、わたしたちが共感するのはなぜでしょうか？　人間の脳内には、ほかの人の気持ちを映す特別な細胞があります。鏡の前に立つと、自分の姿が映りますよね。それと同じです。ミラーニューロンと呼ばれるこの細胞があるおかげで、わたしたちはほかの人と同じ気持ちを味わうことができます。ミラーニューロンは、他者の行動をまねるように促すこともあります。あくびをしている友だちを見て、自分もあくびをしたくなるのはそのためです。

下のワードパズルを解きましょう。

　　　このページを逆さまにして手にもち、鏡の前に立ってみましょう。
　　　　そして、鏡に映った下の英語を読んでみましょう。
　　　鏡に映った英語を、その下にある点線上に書きましょう。

EWPATHY

答え：EMPATHY（共感）

アクティビティ 33
共感にはびっくりするような力がある

　EMPATHYの頭文字を使った詩を読んでみましょう。共感すれば、世界がもっとよくなる理由がわかります。

Experience the feelings of others
　　　（ほかの人の気持ちを感じよう）

Make and keep friends
　　　（友だちとはずっと友だちでいよう）

Perceive other points of view
　　　（ほかの人の考えを認めよう）

Apologize to others when we hurt them
　　　　　（人を傷つけたら謝ろう）

Thank others when they need appreciation
　　　　　（感謝すべきときはありがとうと言おう）

Help others who are hurt
　　　　（傷ついた人を助けよう）

Yackety-yak (have conversations with
others)　（みんなでおしゃべりしよう）

　EMPATHYの文字に色を塗りましょう。そして、自分が気に入った一節があったら、その頭文字にマルをつけましょう。

83

雲を眺めよう

　雲を眺めたことはありますか？　雲を見ていると、想像力がどんどんふくらみます。おすすめは風の強い日。雲が流れて、形がどんどん変わっていくからです。友だちといっしょに雲を眺めてみましょう。ほかの人の物の見方を知る練習になります。

このアクティビティは、友だちをさそって挑戦しましょう。

　芝生に仰向けになります。寒い日は室内でもかまいませんが、空と流れる雲が窓からよく見える場所を選んでください。

　流れる雲を眺めながら、友だちと交互に雲を選んで、それがなにに見えるのかを話し合いましょう。

　まず、あなたが雲を選んで、それをなにかにたとえます。次に、あなたがたとえたとおりに見えるか、友だちに挑戦してもらいます。雲がその形に見える理由をくわしく説明しなければならないかもしれません。

　雲が流れて形が変わっていく様子を眺めましょう。

　雲の観察が終わったら、どんな雲の形があったのか、次のページに絵で描きましょう。

次のページに描こう

85

アクティビティ 35 大切な人の ハートに近づこう

エンパシー
　共感について学んだら、次はコンパッションのスーパーパワーを鍛えていきましょう。

　共感は、他者の視点から物事を見る方法です。

　コンパッションは、「あなたを大切に思っているよ」と相手に伝える方法です。このスーパーパワーを使ってほかの人を思いやると、世界はもっとよくなります。**次のページにあるハートの真ん中に、いますぐ「大切に思っているよ」と伝えたい人の名前を書きましょう。**そして、その人を思いながらハートに色を塗り、優しい願いを送りましょう。

86

87

アクティビティ
36

コンパッションの
輪を広げよう

　コンパッションの輪は、大切な人たち全員を心の中にしまい込む方法です。このアクティビティでは、大切な人の名前を挙げていきます。家族や友だち、遠くに住んでいる人など、大切な人全員です。

　コンパッションは世界中のみんなを助ける方法です。子どもたちはだれもが、見た目や話す言葉が違っていても、共通点があります。やりたいこと、なりたい自分など、似たような願いごとをもっているのです。みんな同じだとわかれば、「自分のコンパッションの輪に入れてあげたい」と、きっと思えるはずです。

　では、あなた専用のコンパッションの輪をつくりましょう。

次のページにある3重の輪を見てください。

1. 中央の小さい輪の中に、自分にいちばん近い人たちの絵を描きます。
2. 真ん中の輪の中に、大切だけど、そんなによく知らない人の絵を描きます。自然や動物でもかまいません。
3. 外側の輪の中に、あなたが知っている世界中の国や文化で暮らす人の絵を描きます。

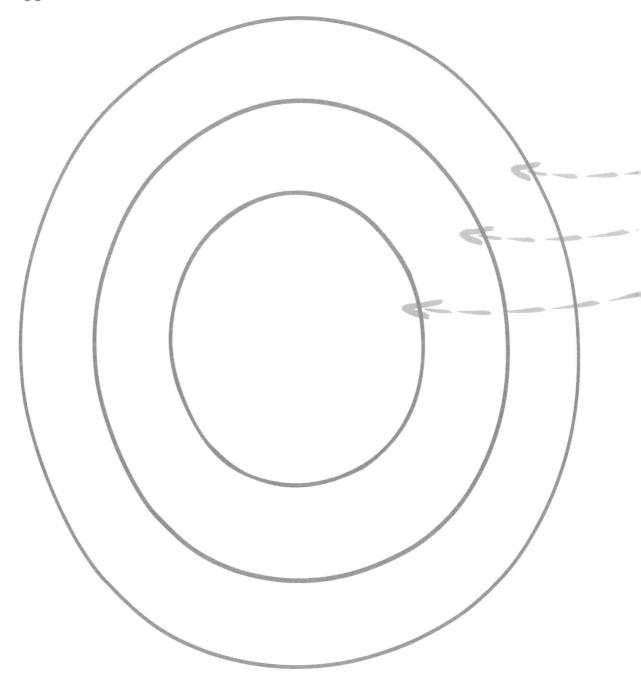

アクティビティ
37

「わたしみたいな子ども」瞑想

　子どもたちはみんな、どんな見た目でも、どこに住んでいても、共通点があること、自分のための願いごとも似ていることを、理解していきましょう。みんな同じで、同じような願いごとをもっているとわかれば、自分のコンパッションの輪に入れてあげたいと思えるようになります。

やり方：

　横になってラクにします。目をつぶってもかまいません。何回か深呼吸をし、心を静めたら、友だちや知り合いを思い浮かべます。それから、思い浮かべた人について、次のように考えてみましょう。

　その子は人間だ。わたしと同じように。
　その子には感情や考えがある。わたしと同じように。
　その子は傷つき、悲しみ、怒り、がっかりする。わたしと同じように。
　その子は友だちがほしいし、しあわせになりたい。わたしと同じように。
　その子は安全と健康を望み、愛されたい。わたしと同じように。

　目を開いて、その人のことを考えているときにどのような気持ちになったのか、心の中でなにが起こったのか考えて、下の欄に書きましょう。

_____

_____

_____

もう一度目をつぶって、その人に願いを送れるかどうか挑戦しましょう。

　その子が、勇敢で、強くなれますように。
　その子が、友だちや家族に大切にされていることをしっかり感じられますように。
　その子が、自分を信じられますように。
　その子が、しあわせでありますように。わたしと同じように、その子がしあわせになるのは当然なのです。

　心の準備ができたら、そっと目を開きましょう。**その人にいちばん送りたい願いをひとつ選び、横のハートの中に書きましょう。**

　わたしたちみんなが毎日、ほかの人にこうやって願いを送ったら、すばらしいと思いませんか？

パートナーと
小舟のポーズに挑戦しよう

　海や湖に浮かぶ小舟は、バランスが大切です。ぐらぐらしていたらひっくり返ってしまいますよね。ここでは、小舟のようにバランスをとる練習をします。楽しみながら、他者とつながる力と筋肉を鍛えましょう。ポーズ中は、バランスをとるためにどの筋肉を使っているのか、意識してみましょう。ヒント：机に座って背筋をピンと伸ばすときに役立つ筋肉です。

だれかをさそって、いっしょに小舟のポーズに挑戦しましょう。

1. パートナーと向かい合って座ります。足の裏は床につけ、ひざを曲げます。
2. 後ろに両手をついてから、パートナーと足の裏をピタリと合わせます。
3. 足の裏をくっつけたまま、力を合わせて足を上げていきます。
4. はじめは、両手で体を支えて倒れないようにしてもかまいません。次に、ひざを曲げたまま、パートナーと手をつなぎます。片手ずつやりましょう。
5. 両手をつないだ状態で、互いに体を後ろに傾けて胸を上向きにします。そして、足裏を合わせたまま、ひざを伸ばします。足を高く上げられるか、がんばりましょう。

6. 川を流れていく小舟を想像しましょう。そして、パートナーと足裏をくっつけたまま、足をどのくらいピンと伸ばしていられるか、挑戦します。

7. このポーズをしているとき、どの筋肉を使っていますか。意識してみましょう。

8. ひざを曲げて足を床についたら、つないでいた両手を離します。

9. もう1、2回、このポーズを簡単にできるようになるかやってみましょう。

10. 床に横になり休みます。大変なポーズでしたね。

ひとりで挑戦するときは、次のようにしましょう。

1. 床に座ってひざを伸ばし、両手を後ろにつきます。

2. ひざを曲げて足を床から持ち上げたら、両腕を前にまっすぐ伸ばして、手のひらを内側に向けます。

3. バランスがとれたら、ひざを伸ばしていきます（壁を使うときは、ひざをまっすぐに伸ばして、足の裏を壁につけます）。

4. 腕を1本ずつひざの横にそえて、胸を持ち上げます。

ひとりで挑戦するときは、ゆっくり進めなくてはならないかもしれません。でもあきらめないで。
　人生では、バランスをとらなくてはならないことがよくあるのです。

舟のポーズがラクにできるよう、支えてくれた部分があったら、マルで囲みましょう。

・お腹
・背中
・腕
・顔
・足の指
・手の指
・頭
・胸
・肺
・太もも
・ふくらはぎ
・足
・鼻

アクティビティ 39

コンパッションで
つながろう

　つらい思いをしている人のそばにいてあげるだけで、その人との結びつきは強くなります。そばにいるあなたも、もっと元気になるはずです。

　では、いつでも身に着けておけるコンパッションのブレスレットをつくりましょう。あなたの大切な人や、あなたを大切にしてくれる人にプレゼントしてもいいですね。

必要な材料：長さ30センチ、幅1センチくらいの細長い布を3本、いらなくなったTシャツのすそを切って用意する。布切りばさみ。細長い布を留められるクリップボードなど

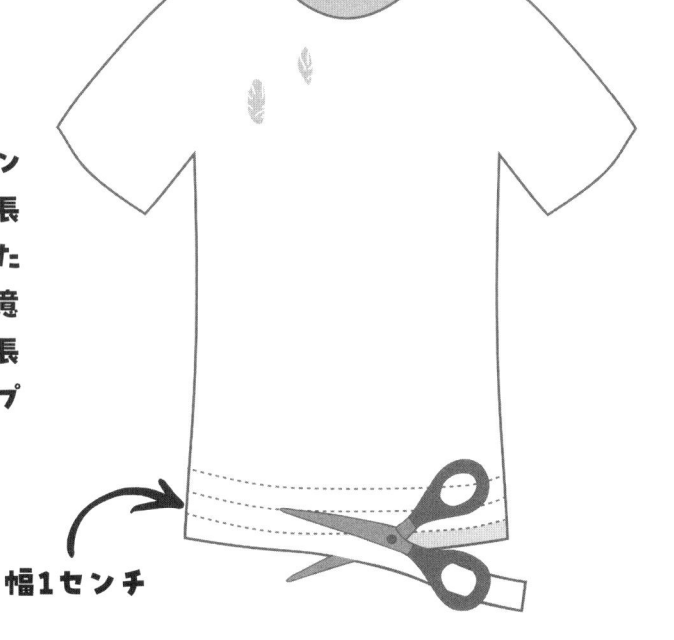

幅1センチ

布を切るのが心配なら、大人に手伝ってもらいましょう。

やり方：

1. 細長い布3本の端（はし）を結んで、1つにします。
2. 結び目をクリップボードに動かないように固定します。
3. 3本の布を三つ編みにしていきます。はじめに、3本の布を離します。次に、左の布を中央の布にかぶせて真ん中にもってきます。今度は、右の布を中央の布にかぶせて真ん中にもってきます。これを左右、左右と繰り返していきます。

布の先まで編んだら、クリップボードから外し、腕に巻ける輪になるように、三つ編みの両端をしばります。

4. 余分な布を切り取ったら完成です。

編んでいくうちに、1本のときより3本のほうが、布の強さが増したことに気づきましたか？　このブレスレットを身に着けていれば、あなたとほかの人を結びつけ、あなたを強くしてくれるコンパッションの存在を、いつでも思い出せるでしょう。

「三つ編み」にしていく

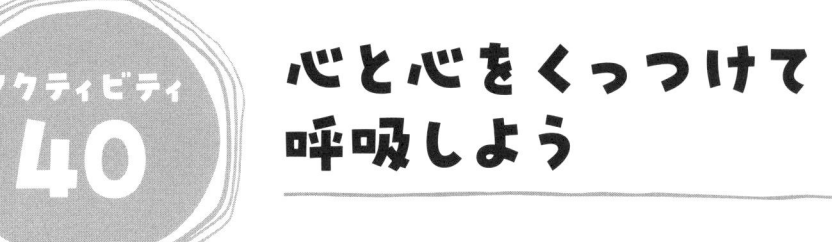

心と心をくっつけて
呼吸しよう

　友だちなど大切な人といっしょに、心と心をくっつけて呼吸すると、他者の動きに注意を向けることができます。パートナーと体をつけて座り、いっしょに呼吸する感覚に意識を向けましょう。相手に願いを送りたいときは、息を吐きながら優しい願いをその人に向けます。自分も優しさを必要としていると思ったら、自分にも願いを向けましょう。息を吸いながら自分に優しい願いを送り、息を吐きながらパートナーに優しい願いを送ります。

1. パートナーと背中合わせになって、床の上にあぐらをかくか、ひざを立てて座ります。それから、よければ目を閉じます。

2. 片手をお腹に、片手を胸に当てます。深呼吸を1回したら、普通に息を吸ったり吐いたりします。

3. 呼吸をするたびに、ふくらんだりしぼんだりする胸とお腹に意識を向けましょう。

4. そうやって2回呼吸をしたら、ひと休みします。

5. 次に、自分の呼吸だけでなく、パートナーの呼吸も感じられるかどうか、やってみましょう。相手の呼吸がわかりますか？　呼吸の音が聞こえますか？　自分の呼吸に合わせて、相手の背中もふくらんだり縮んだりするのが伝わってきますか？

6. 次は、いっしょに呼吸します。パートナーとタイミングを合わせて、息を吸ったり吐いたりします。うまくできたら、ひと休みします。

7. 今度は、自分の中に優しさやコンパッションを取り入れるつもりで息を吸います。それから、パートナーに優しさやコンパッションを送るつもりで息を吐きます。ひと休みします。

8. いっしょに呼吸をしたり、相手のために息を吐いたりする感覚を意識しましょう。

9. 目を開け、友だちとハイタッチしましょう。

パートナーと背中を合わせで呼吸をした感想を下に書きましょう。

_____
_____
_____

パートナーといっしょに呼吸したあと、どのような気持ちになりましたか？ マルで囲みましょう。

　　　ハッピーになった　　　安らかになった　　　つながりを感じた

　　　　　　温かくなった　　　わくわくした

自分の言葉でも気持ちを表現してみましょう。

　　　- - - - - - - - - - - - - - - - - - - 　　　- - - - - - - - - - - - - - - - - - - -

アクティビティ 41

優しいコンパッションと強いコンパッション

アクティビティ40で練習したのは、「優しいコンパッション」を感じられる呼吸法です。心を静め、自分や他者を受け入れることができます。けれども、コンパッションには別の顔もあります。自分にとってよくないことに「ノー」と言えるよう、あなたを奮い立たせるコンパッション。自分や他人のために立ち上がって行動を起こし、心や体の安全、しあわせを守るコンパッション。それが「強いコンパッション」です。自分だけの獰猛(どうもう)なお母さんグマが心の中に住んでいるような感じですね（Neff 2021）。

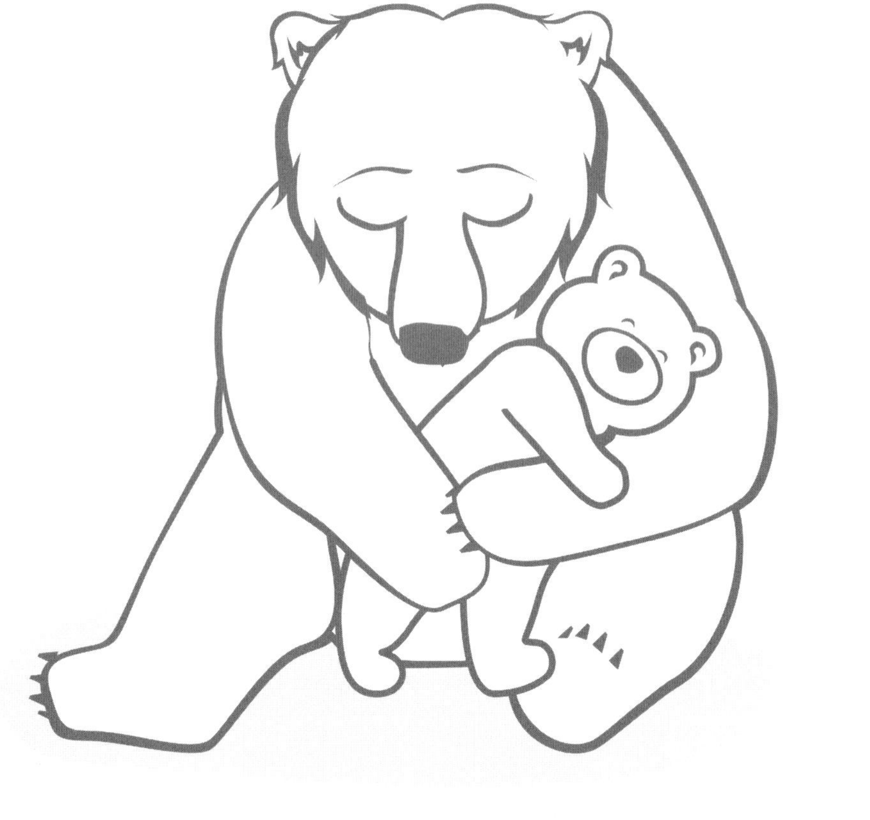

左右のクマを比べてみましょう。優しいクマと、強いクマですね。**下には、さまざまなコンパッションのかたちが書かれています。どちらのクマとマッチするか考え、線でつなぎましょう。**

- 自分や友だちをハグする。
- 自分や友だちにとってよくないことに「ノー」と言う。
- いじめられている友だちを守る。
- 優しい言葉で自分や友だちを励ます。
- 心が穏やかになる呼吸法を試して、自分を落ち着ける。
- 環境を守るために行動を起こす。

アクティビティ 42

あなたに
勇気をくれるもの

アルファベットのAからZまでそれぞれ番号が振ってあります。このヒントを使って、この章の最後のメッセージを読み解きましょう。答えはページの下にあります。

暗号解読のヒント

A	B	C	D	E	F	G	H	I	J	K	L	M
1	2	3	4	5	6	7	8	9	10	11	12	13

N	O	P	Q	R	S	T	U	V	W	X	Y	Z
14	15	16	17	18	19	20	21	22	23	24	25	26

あなたへのメッセージ

___ ___ ___ ___ ___ ___ ___ ___ ___ ___   ___ ___   ___ ___
3-15-13-16-1-19-19-9-15-14   9-19   13-25

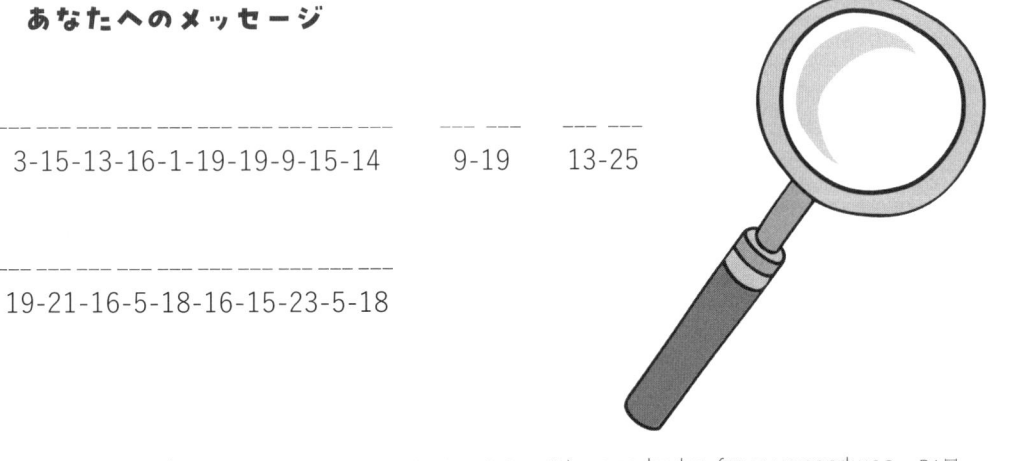

___ ___ ___ ___ ___ ___ ___ ___ ___ ___
19-21-16-5-18-16-15-23-5-18

答え：Compassion is my superpower.（思いやりはわたしのスーパーパワーです）

自分だけの道具箱を作ろう

コンパッションというスーパーパワーを鍛え、それを使って他者を大切にする方法を学びました。

この章に登場したアクティビティのなかで、また挑戦してみたいものがあれば、チェックマークをつけましょう。

___ほかの人の気持ちがわかるのはなぜ？

___共感にはびっくりするような力がある

___雲を眺めよう

___大切な人のハートに近づこう

___コンパッションの輪を広げよう

___「わたしみたいな子ども」瞑想

___パートナーと小舟のポーズに挑戦しよう

___コンパッションでつながろう

___心と心をくっつけて呼吸しよう

___優しいコンパッションと強いコンパッション

___あなたに勇気をくれるもの

 ## 分け合うことは思いやること

友だちに教えてあげたいセルフ・コンパッションのアクティビティ、アイデアはどれですか？ 教えてあげたい友だちの名前とアクティビティやアイデアを、下に書きましょう。

あなたの友だちの名前_____

分け合いたいこと_____

_____

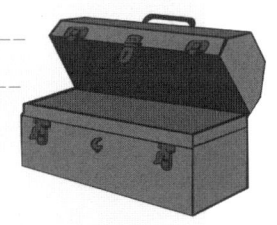

 ## 次の章ではなにをするの……？

第5章では、スーパーヒーローに会います。自分の心の中にいる大切な2つの顔、「いじめっ子」と「スーパーヒーロー」について考えていきましょう。

101

第5章

「いじめっ子」と「スーパーヒーロー」が対決

自分に優しくする方法をいろいろ学んできました。 次は、優しさや思いやりをフルに発揮して、心の中にいる「いじめっ子」に立ち向かう方法を考えていきましょう。この章では、あなたの心に潜んでいる2人の自分、「最強スーパーヒーロー」と「いじめっ子」を理解していきます。うまくいかないことがあったとき、「はずかしいな」「悲しいな」という気持ちになるのは、心の中のいじめっ子のせいです。でも、いじめっ子のことをよく知れば、スーパーヒーローの力を借りて上手に付き合えるようになり、自分で自分の友だちになれるはずです。

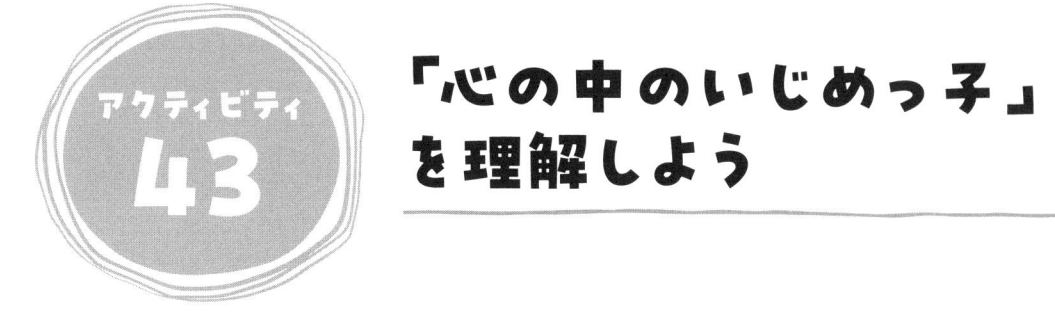

「心の中のいじめっ子」を理解しよう

心の中のいじめっ子は、いじわるなわけではありません。あなたを助けたいけれど、どうすればいいのかわからないことがときどきあるだけなのです。やらなければならないことがあるとき、心の中のいじめっ子はこんなふうに話しかけてきます。

 **あなた**：宿題がたくさんあるなあ。でも、やりたくない。

心の中のいじめっ子：なまけ者だな！　宿題をやらないと、テストでいい点を取れないぞ。

このアクティビティでは、心の中のいじめっ子がどのように話しかけてくるのか、紹介します。

心の中のいじめっ子が現れそうな場面を選んで、マルをつけましょう。

・テストの点数が悪かった
・友だちとけんかをした
・家の手伝いをさぼった
・ドジを踏んだ

ほかの場面を思いついたら、下に書きましょう。

このように、うまくいかなくていやな気分になったとき、あなたの心の中にいるいじめっ子は、どのように話しかけてくると思いますか。たとえば……

- ダメだね
- みんなにきらわれちゃうよ
- もっとがんばればよかったのに
- そんなことだからトラブルになっちゃうんだよ

最近、落ち込んだことはありましたか？　そのとき、心の中のいじめっ子があなたに言ったことを、下のふきだしに書きましょう。

いじめっ子を心の中から追い出そう

あなたの心の中にいるいじめっ子は、どんな見た目をしていますか？　下のスペースに、色鉛筆やペン、クレヨンを使って描いてみましょう。人間みたい？それとも、動物や漫画のキャラクター風？　絵に描いてみると、心の中のいじめっ子はとても大きくて、強そうかもしれません。でも、見た目がわかったほうが、優しくて思いやりたっぷりで、励（はげ）ましてくれる別の自分が現れやすくなります。

心の中のいじめっ子を絵にしてみましょう：

いじめっ子を静める呼吸法

　心の中のいじめっ子がどんな姿をしているのか、わかりましたね。では、そのいじめっ子を心の中から追い出せる呼吸法を練習しましょう。**息を吸ったり吐いたり**するだけなので簡単。呼吸に注意を向ければ、いらいらのタネを作っている脳が静かになります。すると、心の中のいじめっ子もおとなしくなって、体も落ち着くはずです。

1. 足を組んで座り、目を閉じてじっとします。閉じたくないときは、薄く開けて下を向き、自分のひざを見つめましょう。
2. 呼吸に注意を向け、吸う・吐くに合わせて上下するお腹を意識します。
3. そのうち、子犬の心がふらふらと動き出すかもしれません。呼吸に集中していられるかどうか、挑戦しましょう。
4. 呼吸を3回繰り返すあいだ、集中できるかやってみましょう。息を吸って大きく吐いたら1回です。3回まで数えましょう。
5. 終わったら、そっと目を開けます。

　心を落ち着かせる呼吸を3回繰り返したあとに、違いを感じられますか？　心の中のいじめっ子がえらそうにしているときなどにこうやって呼吸をすると、自分に優しくなれます。

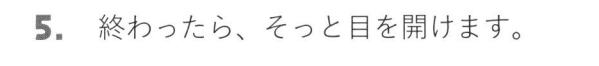

　いじめっ子を静めるこの呼吸法は、いつでもどこでもできることを忘れないでくださいね。

107

いつもと違うやり方で見てみよう

アクティビティ **46**

　心の中のいじめっ子をなだめられるようになると、スーパーヒーローがもっと身近に感じられます。このスーパーヒーローはあなたの一部。いろいろなことがうまくいくように願っていて、物事を新しいやり方で見られるように助けてくれます。

**　いつもと違うやり方で物事を見られる方法が下に並んでいます。ひとつ選んで、ちょっとだけ挑戦してみましょう。**

- 虫眼鏡を使って、いつも目にしているものを観察してみましょう。葉っぱ、あおむし、えんぴつ、トイレットペーパー、くつ下についた土──なんでもいいのです。なにを見ましたか？　虫眼鏡を使うと、どんな違いがありますか？
- 地面に寝そべって、空を見上げてみましょう。そうやって見る景色は、なにが違いますか？
- ベッドに横になり、頭を端から少し出して逆さまにしてみましょう。世界はどんなふうに見えますか？
- 地面に腹ばいになって、虫になってみましょう。なにが見えますか？
- いったん目を閉じてから、また開けてみましょう。すると、いままで気づかなかったものが見えてきませんか？　屋外と屋外で試してみましょう。

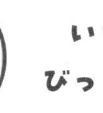 いつもと違うやり方で物事を見たら、なにか違いましたか？
びっくりしたこと、気になったことはありましたか？

アクティビティ
47

色つきメガネを作って見てみよう

いつもとまったく違う(ちが)やり方で物事を見るアクティビティにもうひとつ挑戦(ちょうせん)します。

必要なもの：封筒1枚（13センチ×18センチくらいの大きさ）、はさみ、カラーセロハン、封筒を飾りつけるためのペンやシールなど

やり方：

1. 封筒の中央に、500円玉くらいか、それよりもう少し大きいマルを書きます。

2. 書いたマルの中央に折り目がつくように封筒を折り、はさみで小さい切り込みを入れます。はさみが苦手な人は、大人に手伝ってもらいましょう。封筒を広げると、マルの中に小さな切り込みができて、はさみが入れられるようになっているはずです。

3. 封筒の表と裏の両方にはさみを入れて、マルを切り抜きます。上手にできないときは、大人に手伝ってもらいましょう。これで、封筒の中央に丸い穴ができました。

4. 封筒を開き、中にカラーセロハンを1枚入れて封筒を閉め、のりづけします（カラーセロハンがずれてしまうときは、封筒の内側にセロテープを貼(は)って、セロハンを固定してください）。

5. 封筒を自由に飾りつけましょう。

6. 完成したら、その穴をのぞいてみましょう。まわりはどのように見えますか？

110

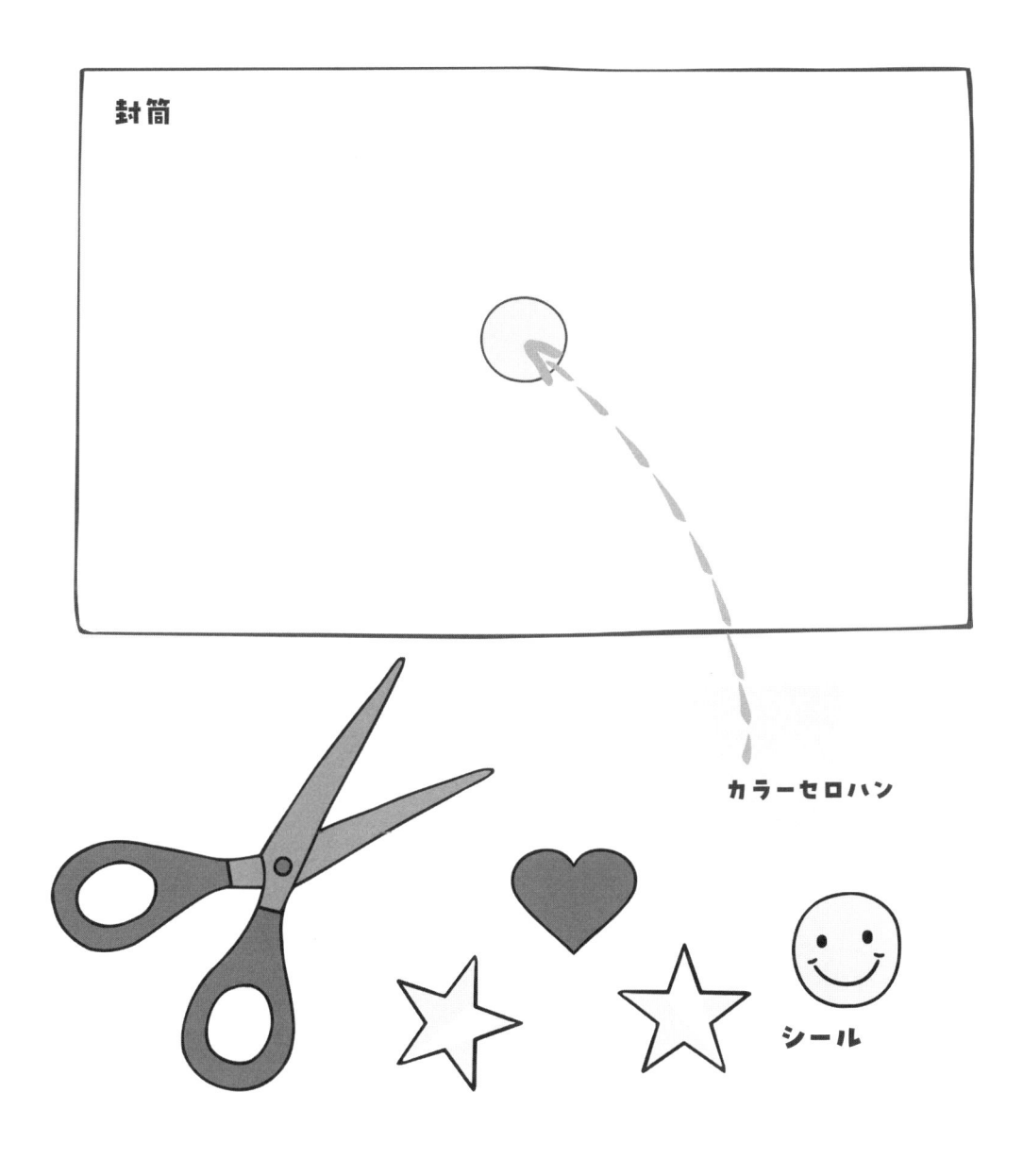

封筒

カラーセロハン

シール

自分の中の スーパーヒーローを 見つけよう

アクティビティ43では、心の中のいじめっ子のお話をしました。いじめっ子は、立派だけどえらそうな自分です。でも、心の中には最強の味方スーパーヒーローもいます。このスーパーヒーローもあなたの一部で、いつも優しく、自分を元気づけてくれます。助けがほしいときに大活躍します。つらいときには、「ひとりじゃないよ」と教えてくれます。心の中に隠れていて、見つけてもらえるのを待っている味方なのです。

自分のスーパーヒーローがもつ強みや最強パワーに名前をつけてみましょう。

「自分のスーパーヒーローにあったらいいな」と思える最強パワーを選び、その横にあるギザギザのふきだしを好きな色で塗りましょう。

スーパーヒーローの最強パワーリスト

- 頭の回転が速い
- 応援してくれる
- 励まして<ruby>励<rt>はげ</rt></ruby>くれる
- 勇気がある
- 親切
- 勇ましい

- 優しい
- 強い
- 頭がいい
- 心が広い
- 愛情がたっぷり
- 誠実

アクティビティ 49 スーパーヒーローの盾を作ろう

スーパーヒーローは盾をもっています。あなたのスーパーヒーローのために盾をデザインして、そこに強さを表す言葉を書き入れましょう。

必要なもの：はさみ、ペンやクレヨン、ボール紙1枚、アルミホイル、のり

作り方：

1. 次のページにある盾の見本をコピーするか、このサイト（http://www.newharbinger.com/50645）からダウンロードして印刷します。時間をたっぷりかけて盾をデザインしましょう。

2. 好きな言葉や絵で飾ります。次のページにある模様や絵を使ってもかまいません。「あったらいいな」と思っているパワーを意味する言葉や絵を使いましょう。

3. デザインが終わったら、盾を線に沿って切り取り、ボール紙の上に置いてまわりをなぞります。次に、その線に沿って、ボール紙を盾の形に切り抜きます。心配なときは、大人に手伝ってもらいましょう。ボール紙をアルミホイルで包むと、鉄でできたように見えます。

4. 最後に、デザインした盾の紙をのりでボール紙に貼りつけたら、完成です。

114

アクティビティ 50

スーパーヒーローの決め台詞を考えよう

スーパーヒーローには、つらい思いをしているあなたを励ますための決め台詞があります。**下のリストから選ぶか、自分の好きな台詞を考えて、ふきだしの中に書きましょう。**

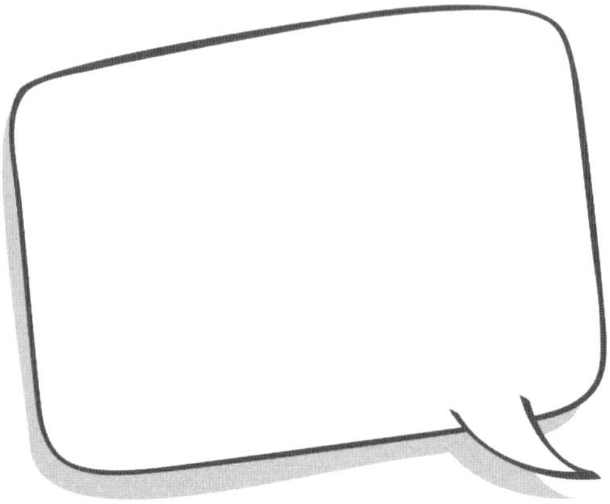

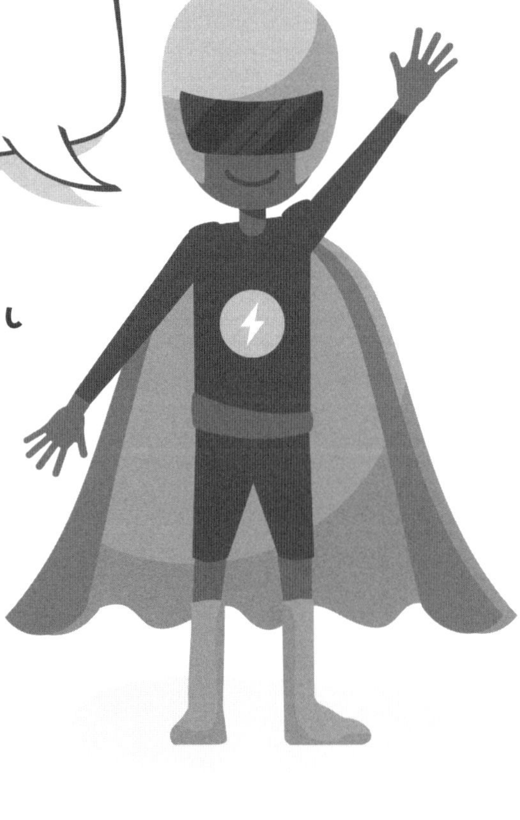

- **大変だね、大丈夫？**
- **すぐによくなるから、もう少しがんばってね**
- **きっと大丈夫だよ**
- **いつでもここにいるから、安心して**
- **あなたには乗り越える力があるよ**
- **あなたならきっとできる**

アクティビティ 51

スーパーヒーローって どんな姿をしているの?

さて、あなたのスーパーヒーローはいったいどんな姿をしているのでしょうか。人間? 動物や漫画のキャラクター? 大きくて、強くて、パワフルな理想のスーパーヒーローを絵にしましょう。

心の中のスーパーヒーローを描きましょう。

#心の優しい
スーパー
ヒーローが
大好き!

アクティビティ
52

思いやりのある スーパーヒーローと 瞑想しよう

　思いやりのある立派なスーパーヒーローも、あなたの友だちになれます。スーパーヒーローがもつパワーに名前をつけ、決め台詞も決まりましたね。次は、スーパーヒーローがつらい思いをしているあなたをどうやって励ましてくれるのか、想像してみる番です。まずは、心の中にいる心優しいスーパーヒーローを思い浮かべながら瞑想をしましょう。

1. ラクな姿勢をします。横になってもかまいません。目を閉じると、自分の呼吸を感じられるはずです。吸う・吐くに意識を向けます。

2. 次に、ちょっとだけ落ち込んだときのことを思い出してみましょう。これまででいちばんつらかったことではなく、いじわるなことを言われたときや、置いてけぼりにされたとき、なにもしていないのに兄弟姉妹から責められたときなど、少しだけ悲しくなったときがあるはずです。

3. そのときのことをはっきりと思い出してください。そこにはだれがいましたか。どんな言葉を言ったり、言われたりしましたか。

4. 自分がいま感じている気持ちに注意を向けます。それとも、体が変化しましたか？　そわそわして立ち上がりたくなった？　そのままでも平気？　体から力が抜けている？　力が入っている？

5. 今度は、そんなつらいときに、自分のスーパーヒーローが現れたところを想像します。

6. スーパーヒーローは、あなたにどんな優しくて思いやりのある言葉をかけてくれるでしょうか？　「きっと大丈夫」や「あなたを心配しているよ」など、スーパーヒーローの決め台詞を思い出してみましょう。

7. いまこのとき、スーパーヒーローにどうやってなぐさめてもらいたいですか？　ハグ？　守ってもらいたい？　いまこのとき、スーパーヒーローになぐさめてもらっているところを想像できますか？

8. 「自分は特別な友だちのスーパーヒーローに守られている」とわかったときの気持ちに注意を向けます。

9. 呼吸を何回か繰り返してから、スーパーヒーローに会えたうれしさ、必要なときはいつでも現れてくれる頼^{たの}もしさを実感しましょう。

10. そっと目を開きます。

とてもよくできました！　スーパーヒーローがあなたの一部であることを、忘れないでください。優しくて思いやりのあるスーパーヒーローは、いつもあなたの中にいて、「つらいときは自分に優しくしてね」と教えてくれます。

「わたしのスーパーヒーローは勇気があって、絶対に負けない強い心をもっている」とわかると、自分で自分の味方になることができます。

119

アクティビティ 53 スーパーヒーローの ヨガポーズに挑戦しよう

　優しい心は、勇敢な心でもあります。だから、正義のために戦い、間違っていることに対して「ノー」と言えるのです。いじめっ子にいじわるをされたときだって、立ち向かえるようになります。

　スーパーヒーローの強さを実感できて、心の中にいる強い自分が自分を守ってくれることを思い出せる、ヨガのポーズに挑戦しましょう。

1. 足を少し開いて、堂々とした姿勢で立ち、両手を腰に当てます。そう、スーパーヒーローみたいに。
2. 次に、息を吸いながらジャンプをし、足を開いて着地します。太ももとふくらはぎと地面で、三角形ができているはずです。両腕は、まっすぐ伸ばして肩の高さまで上げます。
3. 両方の足を右に向けます。
4. 息を止めないよう注意しましょう。
5. 前足のひざを直角に曲げ、後ろ足をまっすぐに伸ばします。
6. 腕はまっすぐに伸ばし、水平に保ちます。

7. 呼吸を1、2回したら、息を吸いながら、直角に曲げていたひざをまっすぐにし、両足を前向きに戻します。両手は腰です。スーパーヒーローのパワーを感じられますか？

8. 2〜7までを繰り返しましょう。ただし今回は、3で両足を左に向けてください。

9. ジャンプをし、両足をそろえて着地します。背中を伸ばして立ち、呼吸を3回します。

10. 体と呼吸に注意を向けてください。スーパーヒーローのように、あなたも強さとパワーでいっぱいになりました。

スーパーヒーローの力を借りれば、自分で自分の味方になれます。それに、このスーパーヒーローには、自分を支えてくれる大人に「助けてほしい」とお願いする勇気もあります。そのことを忘れないで。

自分だけの道具箱を作ろう

　心の中には、いじめっ子とスーパーヒーローという、2人の自分がいることがわかりましたね。この章のアクティビティに挑戦すれば、あなたのスーパーヒーローはもっとパワーアップするはずです。

　心の中のいじめっ子が現れたとき、なにができますか？　自分の役に立つと思えるアクティビティにチェックマークをつけましょう。

___「心の中のいじめっ
　　子」を理解しよう

___いじめっ子を心の中
　　から追い出そう

___いじめっ子を静める
　　呼吸法

___いつもと違うやり方で見てみよう

___色つきメガネを作って見てみよう

___自分の中のスーパーヒーローを
　　見つけよう

___スーパーヒーローの盾を作ろう

___スーパーヒーローってど
　　んな姿をしているの？

___思いやりのあるスーパー
　　ヒーローと瞑想しよう

___スーパーヒーローのヨ
　　ガポーズに挑戦しよう

 ## 分け合うことは思いやること

　友だちに教えてあげたいアクティビティやアイデアはどれですか？　教えてあげたい友だちの名前を下に書きましょう。

あなたの友だちの名前＿＿＿＿＿＿＿＿＿＿＿＿＿＿＿＿＿＿＿＿＿＿＿＿＿＿

分け合いたいこと＿＿＿＿＿＿＿＿＿＿＿＿＿＿＿＿＿＿＿＿＿＿＿＿

＿＿＿＿＿＿＿＿＿＿＿＿＿＿＿＿＿＿＿＿＿＿＿

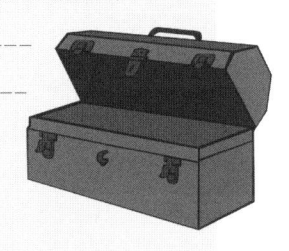

 ## 次の章ではなにをするの……？

　次は、強い自分を支えてくれる「絶対に譲れない価値観」（コア・バリュー）（もっとも大切にしていること）について考えていきます。

123

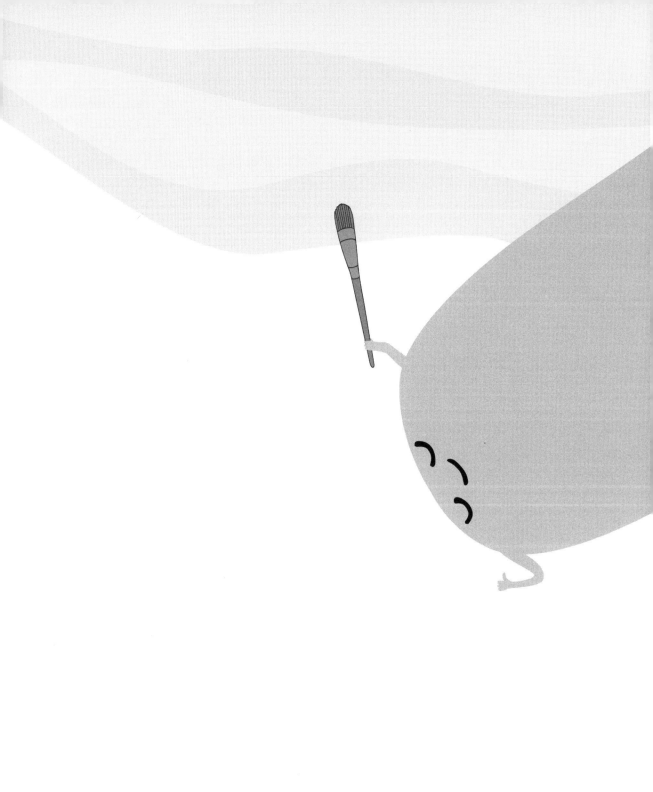

第 6 章
自分にとって
いちばん大切なこと

「自分はどうして自分なの？」と考えたことはありますか？　あなた
が世界でたったひとりの特別な存在なのは、あなたには大切にしていること、
信じていることがあるからです。その人が大切にしていることを、
「絶対に譲れない価値観（コア・バリュー）」と呼びます。この章では、あなたにとっての絶対
に譲れない価値観を見つけていきます。その価値観が自分と他者をどう結び
つけているのかも、考えていきましょう。絶対に譲れない価値観は、進んで
いきたい方向を示してくれる道しるべ、自分という人間をかたち作る支えで
す。自分をしあわせにしてくれるもの、自分が興味をもつものを考えてみて
ください。よい友だちになること、立派な成績をとること、スポーツで上達
すること——などでしょうか。「自分は自由な時間になにをしているのかな」
と振り返ることも、自分がいちばん大切にしていることを知る手段ですし、
他者があなたを理解するのにも役立ちます。

　「絶対に譲れない価値観」は、個性を育てたり、強さや立ち直る力をつけ
たりするときにも大活躍。「正しい方向はこっちだよ」と教えてくれる、心
の中のコンパスみたいなものです。木の根っこみたいな役割も果たします。
根っこがしっかり張っていれば、心が台風みたいに荒れているときでも、ま
っすぐ立っていられますし、正しい決断を下せます。でも、なにかが邪魔を
して、絶対に譲れない価値観に従えないこともあります。外遊びが大好きな
のに、寒すぎて外にあまり出られないとき、運動したいのに、具合が悪くて
思うように外でプレイできないとき。そんなとき、セルフ・コンパッション
があなたの絶対に譲れない価値観になって、助けてくれるかもしれません。

自由時間に
やっていることを大調査

自分にとって大切なことを発見したいときは、毎日やっていることを観察するのもひとつの手です。まず、あなたの自由時間の使い方を調べてみましょう。調査に使うのはこの「スライスされたピザ」です。

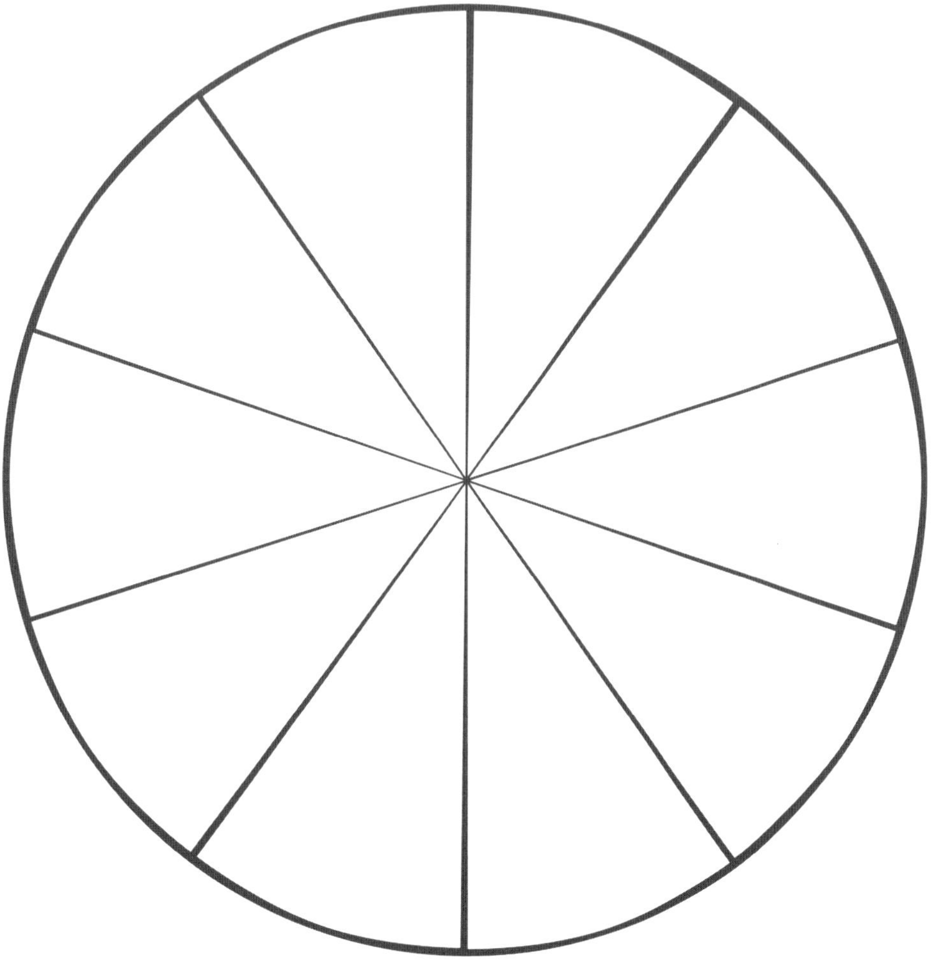

自由な時間にあなたがしている活動をスライスごとに書いていき、色分けしましょう。同じ活動を書いてもかまいません。運動ばかりしている人は、1色のピザになりそうですね。1枚1枚のスライスが違う色になる人もいるかもしれません。

いちばんたくさんの時間をかけている活動はなに？

_____

その活動はあなたにとって大切？　答えをマルで囲みましょう。

はい　いいえ

もっとたくさん時間をかけたい活動はある？　ある人は、その活動について説明してみましょう。

_____
_____
_____

自分が大切にしている活動をやりたいのに、できないのはなぜ？　理由をひとつ書きましょう。

_____
_____

　大切な活動がなかなかできないときは、自分に優しくしたり、思いやりを示したりしましょう。

127

「絶対に譲れない価値観」を知ろう

絶対に譲れない価値観は、あなたがどんな大人になるのかを決めます。たとえば、他者を助けることを大切にしている人は、人助けをする大人になるでしょう。

自分にとって絶対に譲れない価値観を探っていくと、自分が大切にしていることが見えてきます。**下に並んだいろいろな価値観を読み、「大切だな」と思ったものにチェックマークを入れましょう。**

___ いい成績をとる

___ 運動で上達する

___ すてきな人になる

___ 清潔

___ なんでもベストをつくす

___ 自然を楽しむ

___ 人と分かち合う

___ よい友だちになる

___ 親切

___ 他者を助ける

___ 創造力をみがく

___ 自分を表現する

___ たくさん遊んで楽しむ

___ 人気者になる

___ お金持ちになる

___ 有名人になる

___ 家族とたくさん時間を過ごす

___ 友だちとたくさん時間を過ごす

___ 信仰

___ 正直

___ 自分らしくいる

___ 新しいことに挑戦する

___ ひとりで静かに過ごす

___ 新しいことを学ぶ

___ 趣味をがんばる

___ 熱心に取り組む

___ 感謝する

___ ハッピーでいる

___ 環境を大切にする

___ 安全

___ 勇気をもつ

___ 正義のために立ち向かう

ほかに大切にしていることがあったら、ここに書きましょう。

_____

チェックをつけた価値観をもう一度見て、トップ5をマルで囲みましょう。
自分で書き加えた価値観があれば、それも必ずマル囲んでください。マルで囲んだものが、あなたにとっての「絶対に譲れない価値観」、なによりも大切なことです。

木は根っこがあって、そこから上に伸びていきますよね。では、この木の絵を使って、自分がどんな大人になりたいのかを表現しましょう。**マルで囲んだトップ5を、根っこのところに書き入れたら、木をクレヨンやペンで自由に塗ってください。**

自然を探索しよう

アクティビティ
56

　自然の中を歩き、見えるものや聞こえるものすべてに感謝すること。日本ではこれを「森林浴」と呼びます。自然に囲まれているだけで、心が落ち着き、穏やかになりますが、まわりに注意を向けると、もっと効果的です。では、自然に反応する自分の五感を感じられるかどうか、このアクティビティで挑戦してみましょう。

　大人に許可をもらってから、自然がいっぱいのところへ散歩に出かけましょう。よく見えるように目を大きく開け、よく聞こえるように耳をそばだて、いろいろな香りを逃さないように鼻を上に向けます。ときどき立ち止まって、感じたものに注意を向けてください。世界では多くの人が、**絶対に譲れない価値観**は自然だと考えています。自然はまた、あなたの「絶対に譲れない価値観」を支えているかもしれません。だって、友だちをなによりも大切にしている人にとって、友だちと外で遊べるのは自然があるおかげですよね？

散歩から戻ったら、自然で見つけたものを絵にしてみましょう。持ち帰ったものを見ながらスケッチしてもいいですね。

131

アクティビティ 57

「木とわたし」瞑想

外に行かなくても、想像力を使えば自然を感じることができます。このアクティビティでは、幹に寄りかかって座り、そびえたつ木の強さと安定感を感じとりましょう。木は、絶対に負けないエネルギーがあるので、台風が来てもへっちゃらです。そして、まわりの木々と協力して、互いを支え合っています。

1. ラクな姿勢をしましょう。

2. 用意ができたら、目を閉じるか、ひざに目を向けます。

3. 何回か深呼吸をしたら、あとは普通に呼吸をします。

4. 子犬の心がふらふらし始めたことに気づいたら、きちんと連れ戻して、呼吸に集中しましょう。

5. では、大きな木の下に座って、リラックスしている自分を想像します。

6. どっしりと安定した木を、ちょっとのあいだ思い描いてください。木の下でひと休みしながら、その力強さを味わいます。その木が、たくさんの枝を空へと伸ばしているところが思い浮かびますか？

7. 次に、木の根っこを想像します。根っこは、木と地球、木とまわりの木々をつないでいます。根っこはあちこちに伸びて、互いに支え合っているのです。

8. 今度は、「自分は木だ」と考えましょう。足の裏から根っこが土深くまで伸び、背骨が幹になって支えてくれているので、台風が来てもぐらぐらしません。

132

9. 「絶対に譲れない価値観」があるからこそ、自分にとって大切なことが心にしっかりと根を下ろし、いざというときに自分や他者を気づかうことができるのです。それを忘れないようにしましょう。

10. 肩の力を抜いて何回か呼吸し、準備ができたら目を開けます。

「自分は地面に根っこを張り巡らせた強くて頑丈な木だ」と想像しました。そのあと、どんな気持ちになりましたか？　当てはまるイラストにマルをつけましょう。

133

木のヨガポーズ

　強くて、絶対にぐらぐらしない木を、自分の体でもっと感じてみませんか？自ら木になって、足先から根っこが長く生え、腕が枝のように空へ伸びていく姿を表現したヨガポーズに挑戦します。

　このポーズは、バランス力と集中力を鍛えるのにぴったり。どっしりとして頑丈な木になった感覚を体感しましょう。あなたもまた、木のように揺らがず集中できるのは、**絶対に譲れない価値観**があるからです。では、木のポーズをキープしながら、静かな心を感じられるかやってみましょう。

1.　まずは、両足をくっつけて、山のようにどっしりと力強く立ちます。
2.　目の前にあるものを、まっすぐ優しく見つめます。森に立ち並ぶ木々のすきまから外を見ていると考えましょう。ポーズをとっているあいだは一点を見つめながら、「わたしは自分を信じている。わたしは自分にとって大切なことを信じている」と自分に言い聞かせます。
3.　両手を腰に当てます。それから、息を吸いながら、右ひざを持ち上げて外側に向け、足の裏を左のふくらはぎの内側につけます。または、右足のかかとを、左足の足首に優しくそえるだけでもかまいません。
4.　左足がぐらぐらしないよう注意します。頑丈な木の幹のように安定させましょう。
5.　地面に根っこを張っている左足があるから、自分はぐらぐらしないぞと考えましょう。

6. もう一度息を吸って、右足を左足のふくらはぎに強く押しつけます。そうすると、両足が木の幹になったような感じがするはずです。とても強い幹だと思いませんか。息を吸ったり吐いたりするのを忘れないで。

7. できそうだなと思ったら、胸の前で両手を合わせて、そのままの姿勢を少しキープします。次に、息を吸いながら、両腕を上に伸ばしていき、左右に広げます。

8. 両腕を上へと伸ばしたまま、根っこが左足から地面深く張っていくところを想像します。木のポーズをしていると、強くてぐらつかない体が感じられます。それと同じように、「絶対に譲れない価値観」があるからこそ、自分は強くゆるぎなく生きていけるんだと実感できます。

9. 足を交代するときは、右ひざを前向きに戻し、息を吐きながら両腕を下げて、両手を胸の前で合わせ、右足を床に下ろします。

10. 足を交代して、また木のポーズに挑戦します。

うまくできましたか？　ぐらぐらしないよう支えが必要なときは、はじめは、椅子につかまったり、壁に寄りかかったりしてかまいません。少しずつ練習して、支えがなくても木のポーズができるようにがんばりましょう。

135

「体の地図」を作ろう

　行動を起こしたいとき、あなたの体を動かしているのは、どんな**絶対に譲れない価値観**なのでしょうか。それがわかる楽しいアクティビティに挑戦して、「体の地図」を作っていきましょう。

　体のパーツについての質問が並んでいます。答えを考えて、次のページに描かれている体の当てはまるところに書き入れましょう。

髪の毛：どんな人になりたい？　人なつっこい人、個性的な人、ユーモアがある人、優しい人、強い人、丁寧な人、魅力的な人。ほかには？

目：鏡を見たとき、どんな自分をいちばん見たい？　自信満々な自分、力強い自分、想像力がある自分、美しい自分、愉快な自分、親切な自分。ほかには？

耳：どんなことをいちばん聞きたい？　自然の音、先生や親からのほめ言葉、元気な人の話、病気が治った人の話、友だちの笑い声。ほかには？

口：どんな口調で話したい？　ユーモアのある口調、飾らない口調、堂々とした口調、優しい口調、タフな口調。ほかには？

腕：だれと仲良くしたい？　家族、友だち、ヒーロー、ペット、習い事の先生、お坊さんや神父様、特別な仲間。会ってみたい人はだれ？

手：自分の手でなにをしたい？　工作や美しい音楽、物語を作りたい。ホームランボールをキャッチしたい。ヘアースタイルを整えたい。サンキューカードを書きたい。部屋を整理したい。ほかには？

脚：立ち上がって守りたいことはなに？　いじめられている子、きれいな空気や水、言論の自由、プライバシー、真実。ほかには？

足：自分の足でどこに行きたい？　学校、友だちの家、公園や遊び場、図書館やお店、新しい冒険。ほかには？

　自分にとって「絶対に譲れない価値観」をお父さんお母さん、先生、友だちに伝えましょう。そうやって、自分はどんな人なのか、どんな人になりたいのかを理解してもらうのもいいことです。「絶対に譲れない価値観」があるから、自分自身やすべての生き物に優しくできるのです。それを忘れないでください。

自分と約束しよう

次のページのフレームを飾りつけたら、「なりたい自分になる道はこっちだよ」と教えてくれる、**絶対に譲れない価値観（コア・バリュー）**をひとつ選びます。そして、それをもとに、自分との約束を考えてみましょう。

好きな色やデザインでフレームを飾ろう。

「いい友だちになりたい」「自分を大切にしたい」「学校の勉強をもっとがんばりたい」などでもいいですね。**考えた約束をフレームの中に書きましょう。**

この約束は、自分にとって安心できる場所です。頭が真っ白になったとき、どうしたらいいのかわからないときは、この約束を思い出しましょう。

このフレームを切り取って、壁に飾るのもいい考えです。飾っておけば、自分との約束をいつでも思い出せます。手伝いが必要なときは、大人にお願いしましょう。

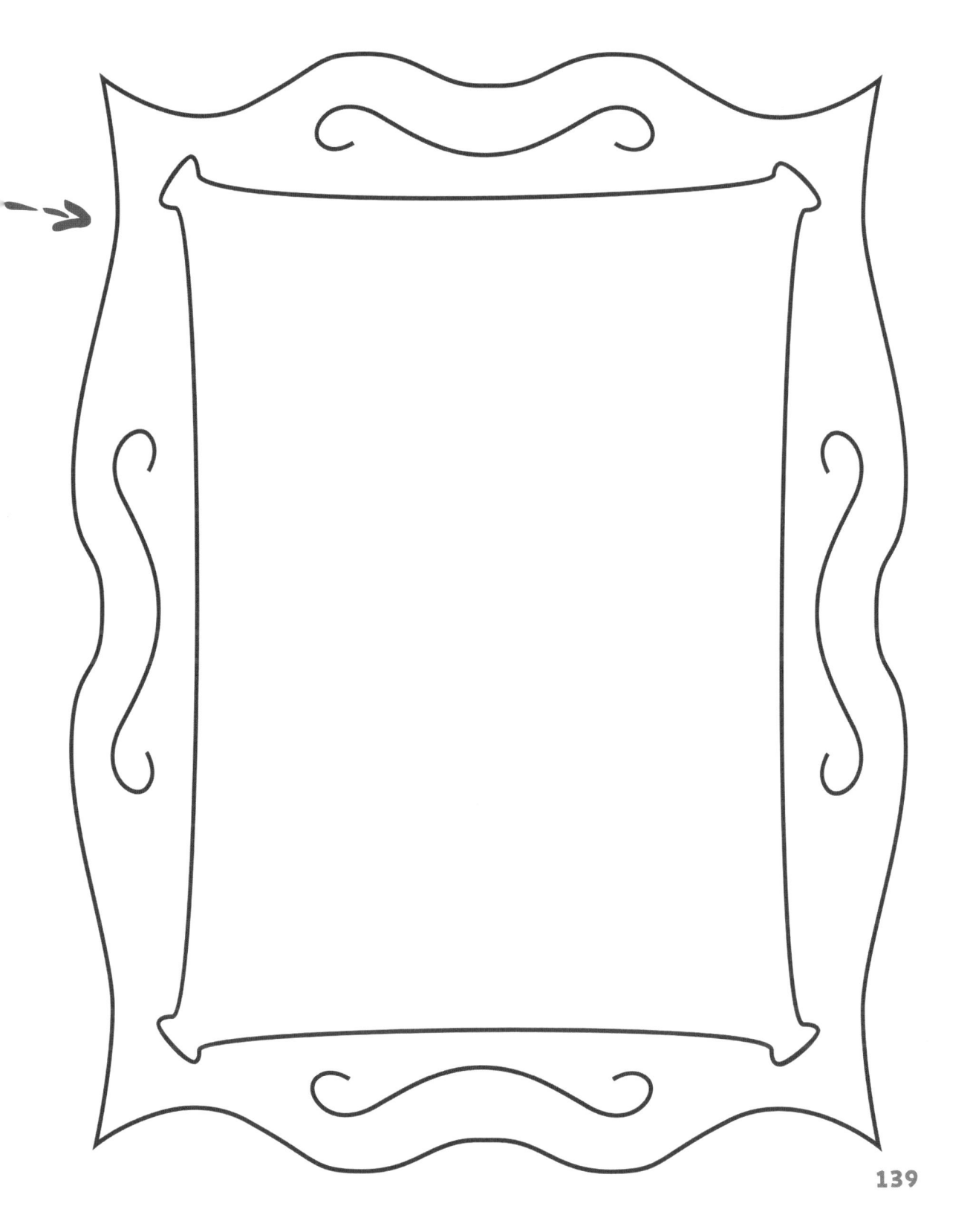

酸っぱいレモンを
甘いレモネードに
変えよう

アクティビティ 61

　失敗は、だれだって怖いもの。けれども、失敗やへまをするからこそ、人生でいちばん大切なことがなにかがわかるのです。苦しいときは、知らなかった自分の強さを発見できる絶好のチャンス。もっとたくましく、粘り強くなれば、大変なことが起きたって、すぐに立ち直れるようになれます。

　つらかったこと、失敗したときを思い出してみましょう。人一倍がんばったのに、思ったとおりの結果が出なかったときでもかまいません。

1. 下のレモンのなかに、つらかったことや、いやな思いをしたときのことを書きます。

2. そのときになにを学びましたか？　次のページにあるレモネード入りグラスの中に、学んだことを書きましょう。

3. そのときに役に立ったかもしれない、**絶対に譲れない価値観**はありますか。グラスに刺さったストローに書きましょう。

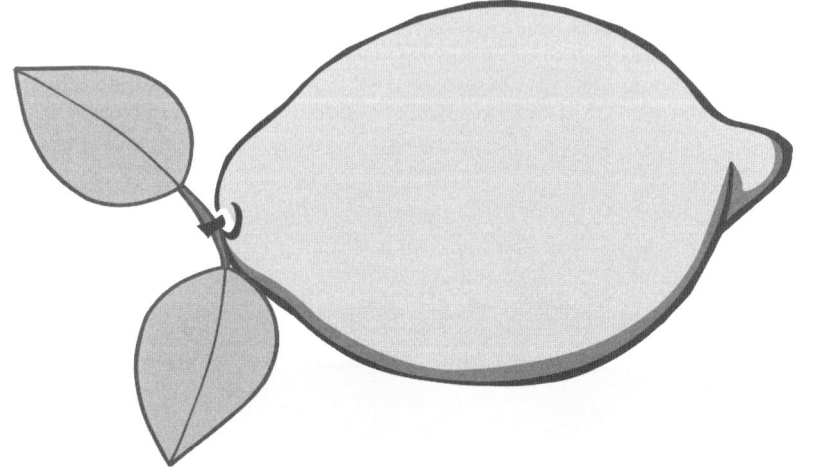

140

レモンをレモネード
に変えられるように、
酸っぱいできごとも甘
いできごとに変えられ
ます。

レモネードを手作りしよう

　酸っぱいできごとがあっても、そのおかげで強くなったと思えば、甘いできごとに変わります。それを忘れないよう、レモネードを手作りしましょう。

手作りレモネードの作り方

材料
生のレモン汁、またはビン入りレモン果汁：1と3/4カップ
冷たい水：1,250cc
砂糖：1と3/4カップ（ほかの甘味料を使うときは大さじ1杯から始めて
　　　甘さを調節する）

ステップ 1. レモン汁、水、砂糖を大きなガラス容器に
　　　　　　　入れて、砂糖がすっかり溶けるまで混ぜます。

ステップ 2. 氷を入れて、冷やします。

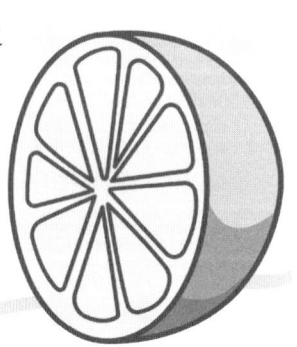

　レモネードを作っているときは、マインドフルネスを心がけて集中しましょう。出来上がったレモネードを飲むときは、五感をフルに働かせて味わいます。

自分だけの道具箱を作ろう

これで、自分がいちばん大切にしていることがわかりました。

絶対に譲れない価値観は、自分が行きたい方向に進むときの道しるべになって、なりたい自分になれるように助けてくれます。

この章に登場したアクティビティのなかで、また挑戦してみたいものがあれば、チェックマークをつけましょう。

___自由時間にやっていることを大調査

___「絶対に譲れない価値観」を知ろう

___自然を探索しよう

___「木とわたし」瞑想

___木のヨガポーズ

___「体の地図」を作ろう

___自分と約束しよう

___酸っぱいレモンを甘いレモネードに変えよう

___レモネードを手作りしよう

 ## 分け合うことは思いやること

友だちに教えてあげたい「絶対に譲れない価値観」のアクティビティ、アイデアはどれですか？ 教えてあげたい友だちの名前とアクティビティやアイデアを、下に書きましょう。

あなたの友だちの名前 _____

分け合いたいこと _____

_____

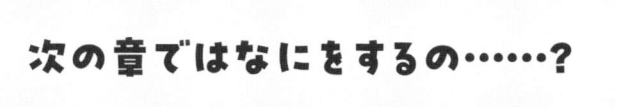 ## 次の章ではなにをするの……？

自分でもびっくりするくらい強い感情を覚えるときがあります。第7章では、脳の仕組みを利用して、自分や他者に優しくする方法を学んでいきましょう。

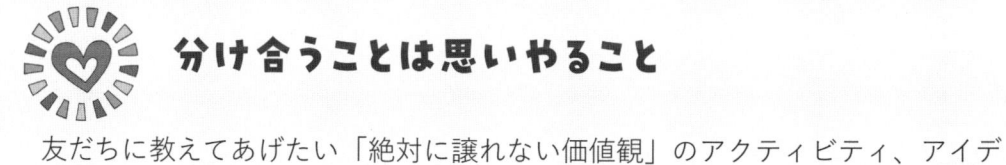

第 7 章

心の中のドラゴンを
手なずける

　大人でも子どもでも、だれだって強い感情を抱きます。喜びや興奮のように好ましい感情もあれば、心の中にドラゴンが現れて口から火を噴いているみたいに、はらはらする感情のときもあります。なにもかもがうまくいかないときは、その強い感情が暴れまくり、手に負えないんじゃないかと思うかもしれません。この章では、こうした怖いくらいの強い感情がどこからわいてくるのか、そういう感情を手なずけて仲良くなるにはどうすればいいのか、学んでいきましょう。まずは、強い感情のことをよく知り、堂々と受け入れる方法を考えていきます。強い感情の受け入れ方がわかったら、手なずける方法を学びます。あなたもきっと、口から火を噴くドラゴンを上手に操るドラゴン使いになれるはずです。

強い感情を恐れずに受け入れよう

いろいろな表情をしたイラストがあります。自分がこれまでに抱いたことがある強い感情にマルをつけましょう。

いらいら

がっかり

悲しい

怖い

怒り

自分にとっていちばん難しい感情、もっとくわしく知りたい感情を下に書きましょう。

アクティビティ 64

火を噴くドラゴンの ヨガポーズ

　ドラゴンのうなり声を聞いたことがありますか？　迫力のある大声で、うなりながら火を噴くこともありますよね。もしかしたら、自分の心の中にいるドラゴンのうなり声をときどき耳にしているかもしれません。では、心の中のドラゴンを静められるよう、ドラゴンのように力強く呼吸するヨガポーズを練習します。

1. 火を噴くドラゴンになったつもりで、足を腰幅に開いて立ちます。両手を胸の高さに持ち上げて、かぎ爪になるように指を曲げます。

2. 息を深く吸ったら、口を大きく開けて吐き出します。そのとき、舌をできるだけ突き出して、ドラゴンのように大きくうなります。

3. 息を深く吸って、吐き出しながらうなる──この呼吸法を何回か繰り返します。息を吸うときは、いざ火を噴こうとしているドラゴンのように、頭を高く上げて後ろにそらせます。それから、舌をできるだけ突き出して、うなりながら息を吐きます。

4. ドラゴンのように息を噴き出す感覚を意識しましょう。

ドラゴンが現れそうになったら、この呼吸法をやってましょう。

続く

147

ドラゴンのようにうなりながら火を噴き出したとき、体はどんな感覚に包まれましたか？　当てはまるものを下から選んでマルで囲みましょう。

暖かくなった　　　　　　エネルギーを感じた
わくわくした　　　　　　リラックスした
強さを感じた　　　　　　すっきりした
疲れた　　　　　　　　　こわばった

　ドラゴンのように息を吐いたとき、ほかにどんな気持ちがしましたか？　はずかしかった？　落ち着いた？

心の中のドラゴンはどこにいるの？

　自分の脳を理解するときは、脳を2階建ての家だと考えるのもひとつ方法です（Siegel, Payne Bryson 2012）。脳には1階と2階があり、強い感情をうまく抑え込み、正しい決断が下せるように、協力し合っています。

　2階建ての脳について、もう少しくわしく説明しましょう。心の中のドラゴンは、この2階建ての家のどこに潜んでいると思いますか？　当ててみてください。

　脳の2階 は、問題を解決して、正しい決断を下す役目をもっています。集中して心を落ち着かせるのも2階の仕事です。脳の2階には「前頭前皮質（PFC）」と呼ばれる特別な部分があり、1階と2階が協力できるように助けています。PFCは、強い感情をもった心の中のドラゴンを導き、手なずける**ドラゴン使い**のようなものなのです。

148

脳には1階も必要です。 危険でおそろしい状況からあなたを守るために、1階には小さな「扁桃体」という部分があって、非常ベルを鳴らしてくれるからです。ベルが鳴ると、強い感情が目を覚まします。その感情は、火を噴くドラゴンみたいに激しくなることがあります。ドラゴンは非常ベルを聞きつけるとすぐに行動を起こします。そして、ほかの人にいじわるな言葉を投げつけるなど、あとで後悔するようなことを思わずやってしまうことがあります。

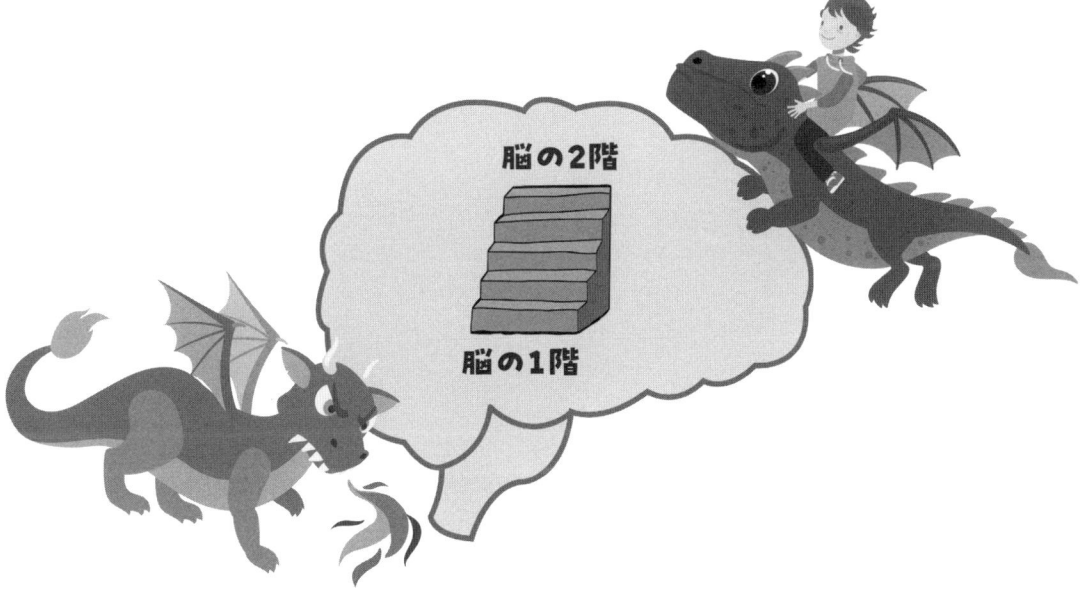

脳の1階と2階がつながっていると、「自分は自分をうまくコントロールできている」「大丈夫だ」と思えるようになります。正しい決断を下したり、難しいことを上手にこなしたり、自分や他者について前向きな気持ちをもてたりします。ドラゴン使いが心の中にいて、ドラゴンを調教して手なずけているような感じです。

また、脳の1階と2階がつながっていると、感情をコントロールしやすくなります。そこで、ドラゴン使いに道具を与えて、心の中のドラゴンを手なずけ、強い感情を静めてもらいましょう。1階と2階をつなげる方法を学ぶ前に、まずは楽しいアクティビティに挑戦です。

149

アクティビティ 65

からまった脳をほどこう

ここに並んでいるのは、いま学んだばかりの脳についての言葉なのですが、文字の順番がぐちゃぐちゃになっています。**正しい順番に並べ替えられるか、やってみましょう。**

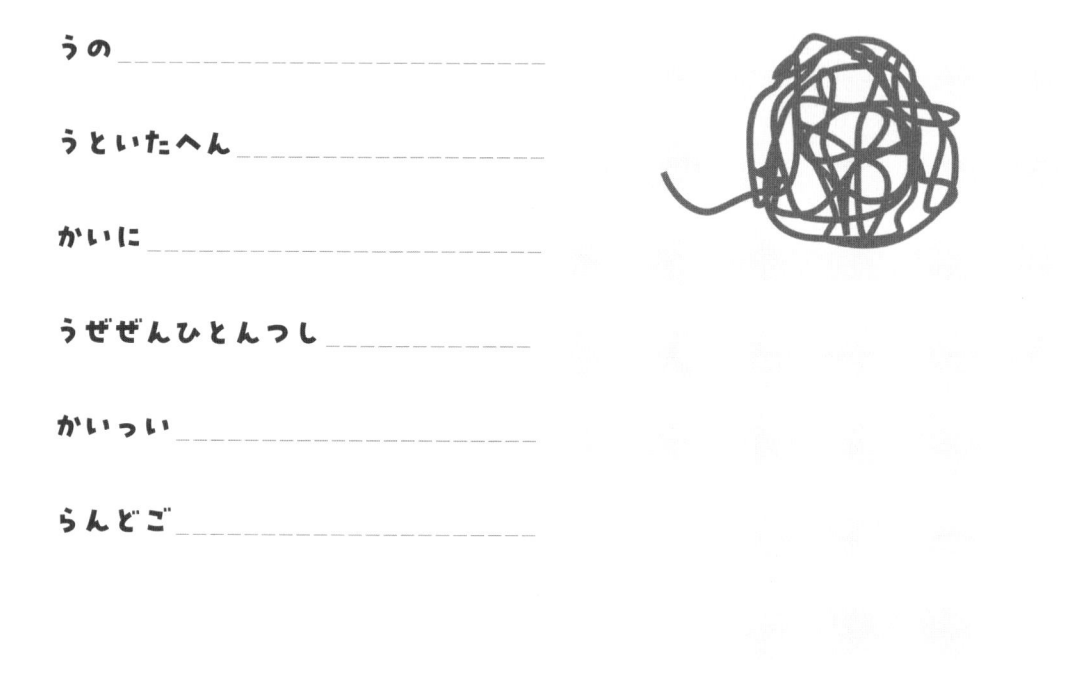

うの＿＿＿＿＿＿＿＿＿＿＿＿＿＿＿＿

うといたへん＿＿＿＿＿＿＿＿＿＿＿＿

かいに＿＿＿＿＿＿＿＿＿＿＿＿＿＿＿

うぜぜんひとんつし＿＿＿＿＿＿＿＿＿

かいっい＿＿＿＿＿＿＿＿＿＿＿＿＿＿

らんどご＿＿＿＿＿＿＿＿＿＿＿＿＿＿

答え：のう（脳）、へんとうたい（扁桃体）、にゅい（ニューロン）、ぜんとうぜんや（前頭前野）、いっかい（1階）、ごどらん（ドラゴン）

150

謎の物質「ウーブレック」ってなに?

　自分に優しく、思いやりをもって接すると、強い感情が魔法のように溶けてなくなっていきます。それを実感できるのが謎の物質「ウーブレック」を使った実験です。マインドフルネスを活かして、このウーブレックがもつ驚きの性質を探っていきましょう。ウーブレックが硬くなったり、軟らかくなったり、溶けたりするのはなぜ?　いざ、秘密を解明しましょう。

必要なもの：大きめのボウル、計量カップ、スプーン、コーンスターチ1袋、食紅、グリッター、水

やり方：

　ウーブレックを作ります。水250mlと、コーンスターチ（片栗粉でも代用可）およそ375mlをボウルに入れて、スプーンか手で混ぜます。軟らかすぎて、手で押しても形にならないときは、もっと粘り気が出るよう、コーンスターチを小さじ2杯か3杯ずつ足していきます。ちょうどいい硬さになるまで、数分くらいかかります。お好みで、食紅を数滴、グリッターをぱらぱらと加えましょう。好きな色合いになるまで食紅とグリッターを足し、さらに混ぜます。

1. まず、出来上がったウーブレックを手で
   さわってみます。
2. ウーブレックの手ざわりを意識します。
3. 片手で強く握るとウーブレックがどうな
   るのか、意識しましょう。握っていると、
   軟らかかったウーブレックが液体のよう
   になったり、また硬くなったりします。
4. ウーブレックを握ってから手を開くと、
   どうなりましたか？
5. 手を洗ったら、謎の物体ウーブレックに
   ついて解明できたことを下に書きましょう。ウーブレックは、手でぎゅ
   っと握るとどうなりましたか？　手を開くと、どう変化しましたか？

ウーブレックをさわってみてわかったことを書きましょう。

_____

_____

_____

　ウーブレックは、手で強く握ると硬くなり、手を開いてそのままにしておく
と軟らかくなることに気づきましたか？　強い感情も同じです。ドラゴンが心
の中を支配すると、体に力が入って硬くなります。でも、力を抜いて呼吸をし、
そのままにしておくと、体から力が抜け、強い感情も溶けてなくなっていくの
です。

　これから、強い感情に名前をつけて、その感情が体のどこからわいてくるの
かを調べるためのアクティビティにいくつか挑戦していきます。ウーブレック
で試したように、強い感情を和らげて手放す方法も試していきます。

152

感情に名前をつけて 手なずけよう

　自分の感情に名前をつけて手なずけることを思いついたのは、ダニエル・シーゲルとティナ・ペイン・ブライソンです（2012年）。そう、強い感情には名前をつけるのがいちばん。そのほうが手なずけやすいからです。脳の2階が感情に名前をつけると、脳の1階がその感情とつながって、1階と2階の協力体制が完成。これで、自分で自分をコントロールできるようになります。強い感情にこそ、名前をつけましょう。

　腹が立ったとき、怖いなと思ったとき、ひとりぼっちでさびしくなったとき、悲しくなったとき、不安になったときのことを思い出してみましょう。練習ですから、激しい感情ではなく、それほど強くない感情がわいてきた場面を選んでください。そして、**思い出した場面を下に書きましょう。**

_____

_____

　思い出した場面では、どんな気持ちでしたか。「これは悲しさ」「これは怒り」「これは不安」というように、名前をつけていきましょう。

いま名前をつけた感情を表したイラストにマルをつけましょう。

怒り　　　恐怖　　　さびしさ　　　悲しさ　　　不安

ドラゴン使いが活躍できるよう、感情に名前をつけましょう。

153

体に隠れた感情を見つけ出そう

アクティビティ 68

　感情に名前をつけると、ドラゴンを手なずけられるようになります。体のどこに感情が現れるのかもわかるので、自分を落ち着かせることもできます。心の中のドラゴンが暴れ出すと、体のどこかに、それを知らせるサインが現れます。そのサインはたいてい、自分で感じることができます。たとえば、力が入ったり、そわそわしたり、手に汗をかいたり、頭痛がしたりするのです。

　では、ひとつ前のアクティビティで思い出した、自分が強い感情を抱いた場面をもう一度振り返ってください。強い感情を抱くと、あなたの体ではなにが起きますか？　サインを探せば、体のどこに感情が現れるのかを突き止められます。

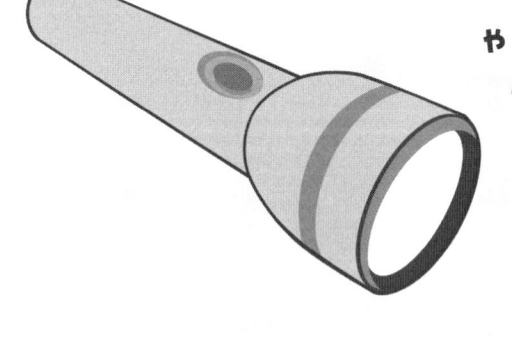

やってみよう：懐中電灯で、頭のてっぺんから足先まで照らしているつもりで、強い感情が現れている場所を探してみましょう。筋肉がかちかちに硬くなったり、お腹がきりきりと痛んだり、手に力が入ったり、胸がぎゅっと苦しくなったりしませんか？

次のページの体の絵を見てください。いつもと違う感じがする部分すべてを、ペンやクレヨンで塗りましょう。その感覚にぴったりの色を選んで強さを表してみるのもいい考えですね。どんな感じがしますか？　強い感情がわくと、自分の体はどんなふうに変化しますか？　文字やイラストなどを使って、自由に表現してみましょう。

155

アクティビティ
69

「和らげ、なだめて、見守る」瞑想

今回は、ウーブレックにさわったときのように、強い感情を和らげる方法を学びます。ひとつ前のアクティビティでは、力が入ったり、苦しくなったりする体の部分を見つけましたね。そのなかから、とくに治したい部分をひとつ選んでください。名前をつけた感情は、そこに隠れているのかもしれません。

1. ラクな姿勢で座るか、横になり、目を閉じます。
2. 力が入ったり苦しくなったりする、治したい体の部分に注意を向けます。
3. まず、硬いところ、苦しいところを**和らげます**。優しく息を吹きかけ、その部分を溶かしているのだと考えましょう。太陽の光で氷が溶けていくようなイメージです。
4. 手を胸に当て、呼吸を感じながら、その硬さや苦しみ、不快感を**なだめて**ください。自分に向けて「きっと大丈夫」「自分はとてもがんばっている」というように、優しい言葉をかけてあげてもいいでしょう。

きっと大丈夫

5. あとは**見守りましょう**。物事は、必ずしも思うとおりの速さで変化する わけではありません。そのままの状態で、自分に優しい祈りを送り、筋 肉から力が抜けてすっきりするまで、様子を見ましょう。

6. ゆっくりと目を開けましょう。

「この瞑想は役に立つな」と思ったら、いつでもどこでも試してください。教 室で席についているとき、友だちといっしょのとき、いつでもできます。強い感 情がわいてきたことに気づいたら、まずは名前をつけます。それから、その感情 が体のどこに現れているのかを突き止めます。そして、和らげ、なだめ、見守り ます。ウーブレックをぎゅっと握ってから開いたときの感覚を覚えていますか。 体の中にわいてきた強い感情を和らげ、なだめるのも、それと同じです。

自分は とてもがんばっている

ドラゴンと散歩に行こう

　最近、森や公園に散歩に出かけましたか？　自然は、いろいろなことを教えてくれます。それに、心をなだめるのにぴったりの場所です。「つらいな」と思ったときはとくに、ドラゴンを散歩に連れていきましょう。自然が生み出すすばらしさにふれて、五感をフル活用するのはいいことです。

　大人に許可をもらい、10分から15分くらい、公園や林を散歩しましょう。近所や自宅の庭でもかまいません。自然はどこに行っても見つかります。

1. 歩き出す前に、立ったまま動かず、いったん目を閉じます。

2. 目を開き、周囲にあふれるものの色、形、手ざわりを感じ、受け入れます。

3. 2、3分ほど歩いたら、立ち止まってまた目を閉じ、まわりの音に耳を澄ませ、香りを感じとります。

4. 目を開けて、また歩き出します。ときどき立ち止まって、葉っぱや木の幹、地面にさわってみましょう。

5. なにかを舌でなめて、味を確かめるのもいいでしょう。ただし、大人に確認して、なめても大丈夫だと言われたものだけにしてください。むやみになめてはいけません。

6. 散歩から帰ったら、おもしろかったこと、「いいな」と思ったことを絵にしましょう。ドラゴンも忘れずに描いてくださいね。

**次のページに
描きましょう**

159

なぐさめ上手な
ヘビを作ろう

　心の中に強い感情をもったドラゴンが現れたら、温かくて優しいものにふれると、落ち着けることがあります。そこで、くつ下でヘビを作り、それを温めて、なぐさめを必要としている部分に当ててみましょう。

必要なもの：長めのくつ下（片方）、お米、非毒性の布用マーカー、好きな香り（ラベンダーなどのエッセンシャルオイル）

やり方：

1. お米をくつ下の4分の3くらいまで入れます。落ち着ける香りをつけたいときは、エッセンシャルオイルを数滴、お米に垂らします。

お米

2. お米がこぼれないよう、くつ下の端を結びます。

3. 布用マーカーで、胴体にヘビの模様を、つま先のあたりにヘビの顔（目と口、先がギザギザになった舌）を描きます。

4. くつ下のヘビが完成しました。このヘビで筋肉の痛みを和らげます。ヘビを電子レンジに入れ、熱すぎずちょうどいい温度になるまで、少しずつ（例：600Wで30秒ずつ）温めましょう。電子レンジは、大人がいるときに使ってください。

5. 硬いところ、苦しいところにくつ下のヘビを当てて、和らげます。温かさで心を落ち着かせながら、目を閉じて、何度か深呼吸をしてみましょう。息を吐くときには、ヘビのように「シュー」という声を出してみてくださいね。

アクティビティ 72

心の中のドラゴンが落ち着いたよ

ドラゴンを落ち着かせる方法がわかりました。では、このドラゴンに色を塗りましょう。

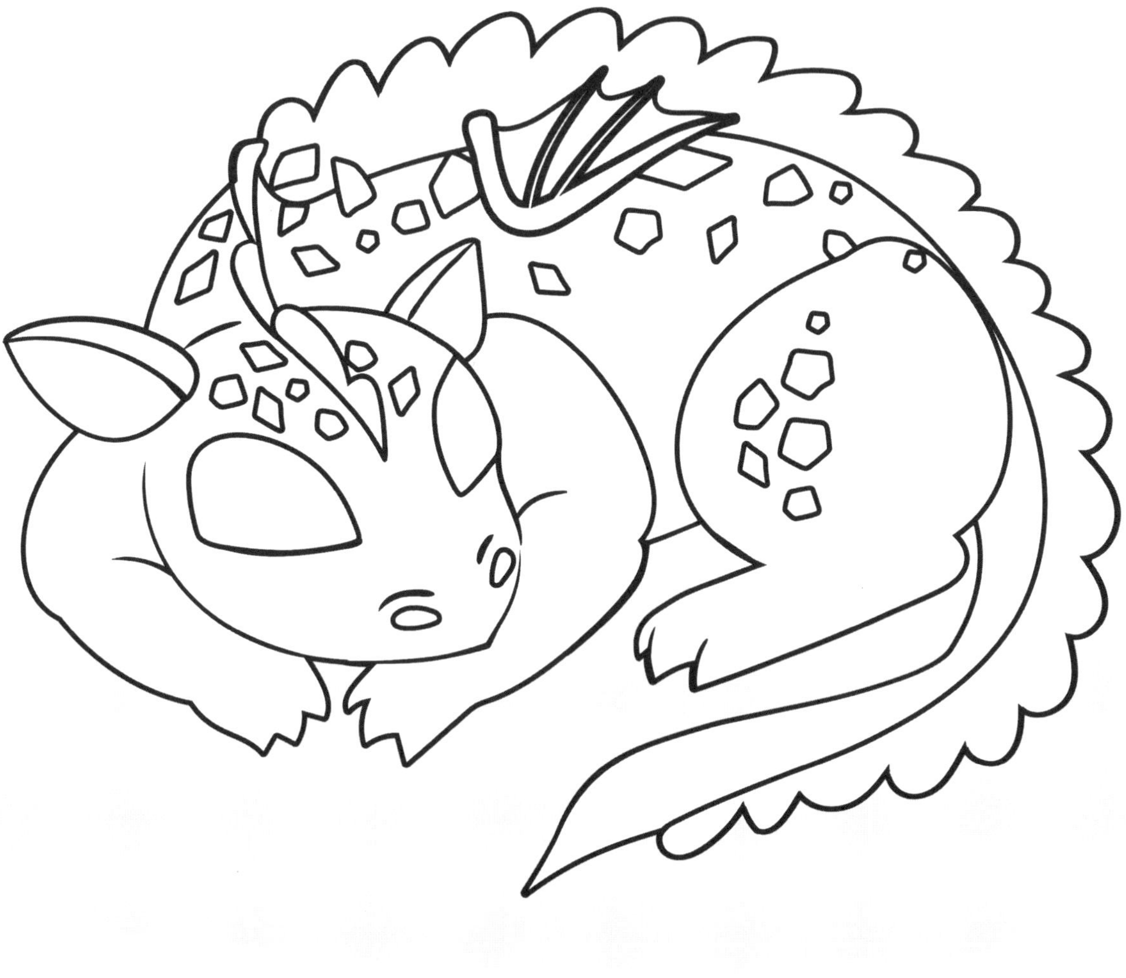

自分だけの道具箱を作ろう

おめでとう！　心の中のドラゴンをうまく手なずけるワザをマスターしましたね。これで、強い感情がわいてきても、もうあまり怖くありません。「危険を知らせてくれるドラゴンがいてよかったな」と思えるかもしれませんね。

強い感情をうまく静めるドラゴン使いのワザには、どんなものがありましたか？　試してみたいワザがあったら、チェックマークをつけましょう。

___ 強い感情を恐れずに受け入れよう

___ 火を噴くドラゴンのヨガポーズ

___ からまった脳をほどこう

___ 謎の物質「ウーブレック」ってなに？

___ 感情に名前をつけて手なずけよう

___ 体に隠れた感情を見つけ出そう

___「和らげ、なだめて、見守る」瞑想

___ ドラゴンと散歩に行こう

___ なぐさめ上手なヘビを作ろう

___ 心の中のドラゴンが落ち着いたよ

 ## 分け合うことは思いやること

友だちに教えてあげたいドラゴン使いのワザはありますか？　教えてあげたい友だちの名前とアクティビティやアイデアを、下に書きましょう。

あなたの友だちの名前_____

分け合いたいこと_____

_____

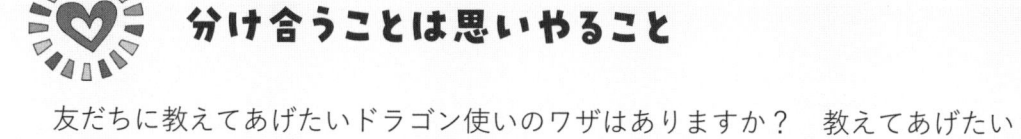

次の章ではなにをするの……？

第8章では、感謝する気持ちや姿勢を育む方法を探っていきます。感謝の気持ちをもつと、強い感情がわいてきても、上手に対応できるようになります。

163

第 8 章

感謝すると
しあわせになれる

小さいころ、プレゼントをもらったら「ありがとう」と言うよう、教えられませんでしたか？ 「ありがとう」は、相手がしてくれたことに対する喜びや感謝を表す言葉です。人やモノ、自分のまわりのささやかなことすべてに感謝の思いを示すと、自分も喜びを感じ、しあわせになります。自信がつくことさえあるのです。感謝すると、他者に対してもっと広い心や思いやりをもてるようにもなります。自分がなにかを達成したときは、応援してくれた人に感謝したくなりますよね。感謝は前向きな感情です。その思いが心に伝わり、喜びがもっと大きくなっていきます。

この章では、大きいことでも小さいことでも、自分が感謝しているまわりのいろいろなことに気づけるようになります。とくに、自分に感謝するとどんないいことが起きるのかを理解していきます。感謝の気持ちは、この本で身に着けた優しさや共感、思いやり、負けない力、精神力と結びついています。感謝も、自分のいいところ、他者のいいところが見えるように助けてくれるスーパーパワーです。「つらいな」「うまくいかないな」と思ったときには、いつも以上にパワーを発揮します。感謝したいことは、いつでもどこでも絶対に見つかります。目の前にある物事の見方が大きく変わるもの、それが感謝です。

アクティビティ 73

感謝の島を訪ねよう

感謝の島が6つ並んだ地図があります。島々を訪ねながら、自分が心から感謝していることを見つけていきましょう。心から感謝していることを見つけるヒントは、島の名前にあります。

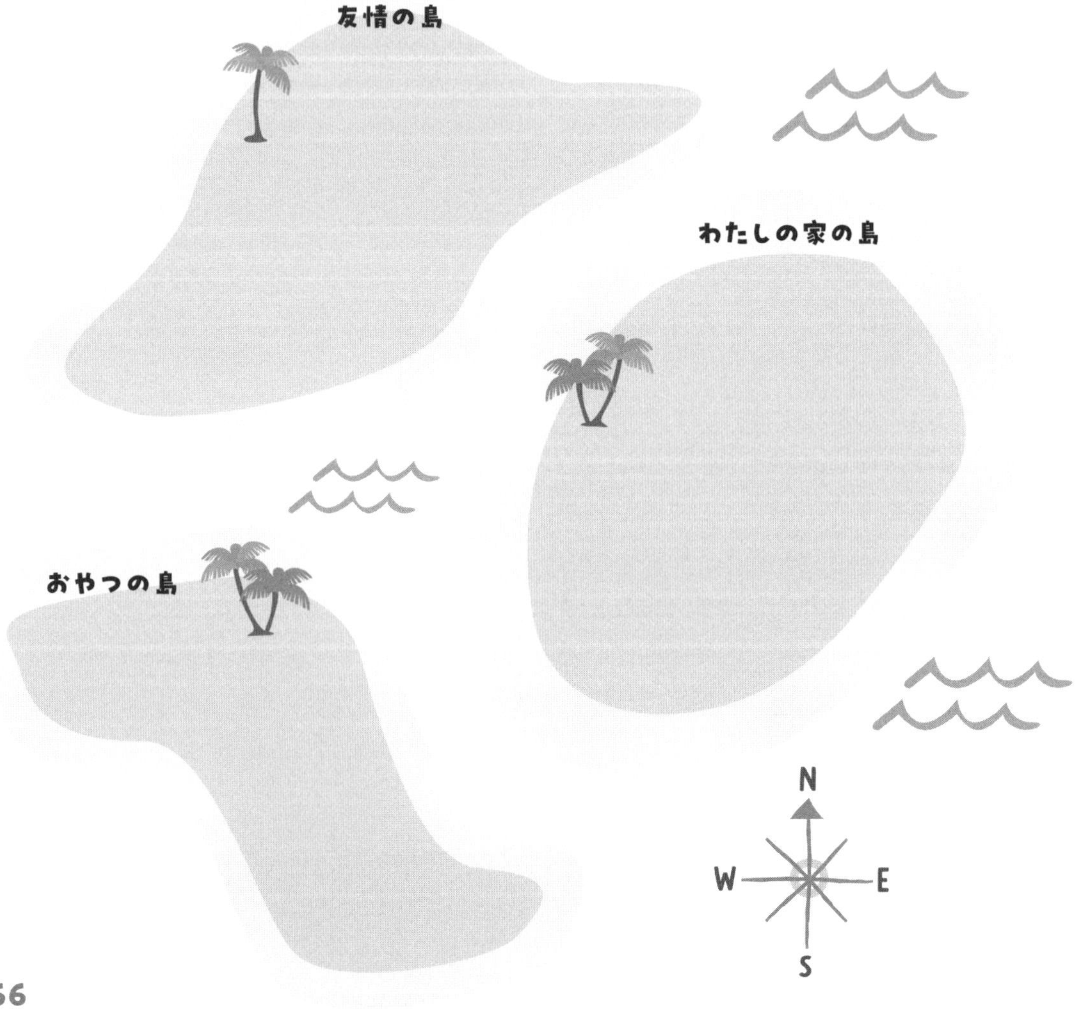
友情の島
わたしの家の島
おやつの島
N
W
E
S

あなたはなにに感謝していますか？ 喜びやしあわせを感じさせてくれることを6つ、考えてみましょう。どんなことでもかまいません。そして、**思いついたことを、当てはまる島に書き入れましょう。**

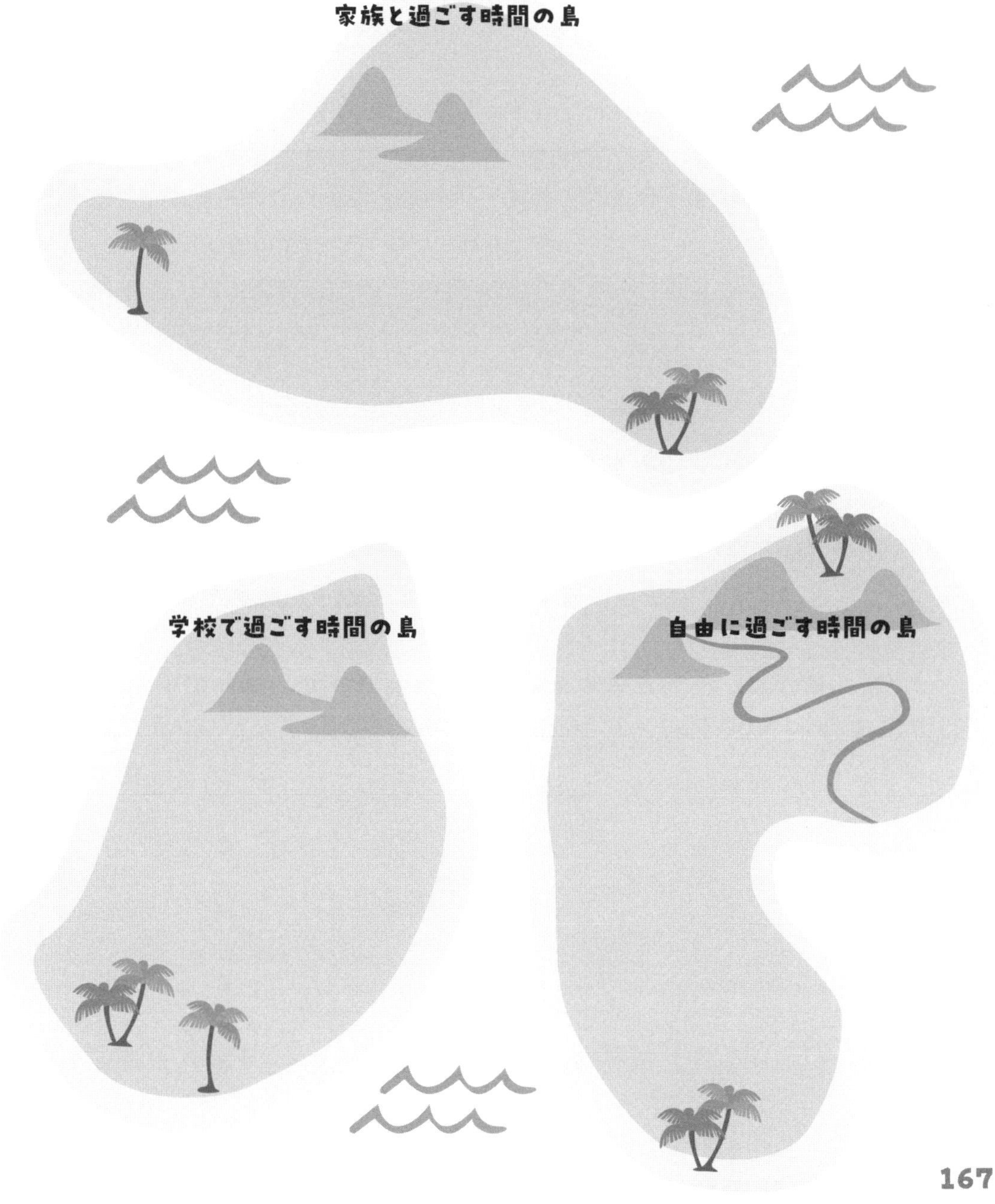

家族と過ごす時間の島

学校で過ごす時間の島

自由に過ごす時間の島

感謝すると脳では
なにが起きるの？

　感謝している脳はしあわせな脳です。感謝し、他者に対してありがたいと思うことは、優しい行動です。そればかりか、自分にとってもいい行動です。感謝すればするほど、感謝することが自然にできるようになり、気分もよくなります。感謝しているとき、脳の中ではセロトニンという特別な物質が出ています。いい気分になり、喜びを感じられるのは、セロトニンのおかげです。感謝すればするほど、脳はどんどんしあわせになり、不安が減って前向きに物事を考えられるようになっていきます。

1. 次のページにある雲形の脳の中に、心配事や悩みを書き入れます。

2. その悩みや心配事が現れたときに覚えておきたい、感謝したいことはなんですか？　それを雲の上にかかった虹の中に書き入れます。

3. 最後に、感謝を表す色のペンやクレヨンで、虹を塗りましょう。

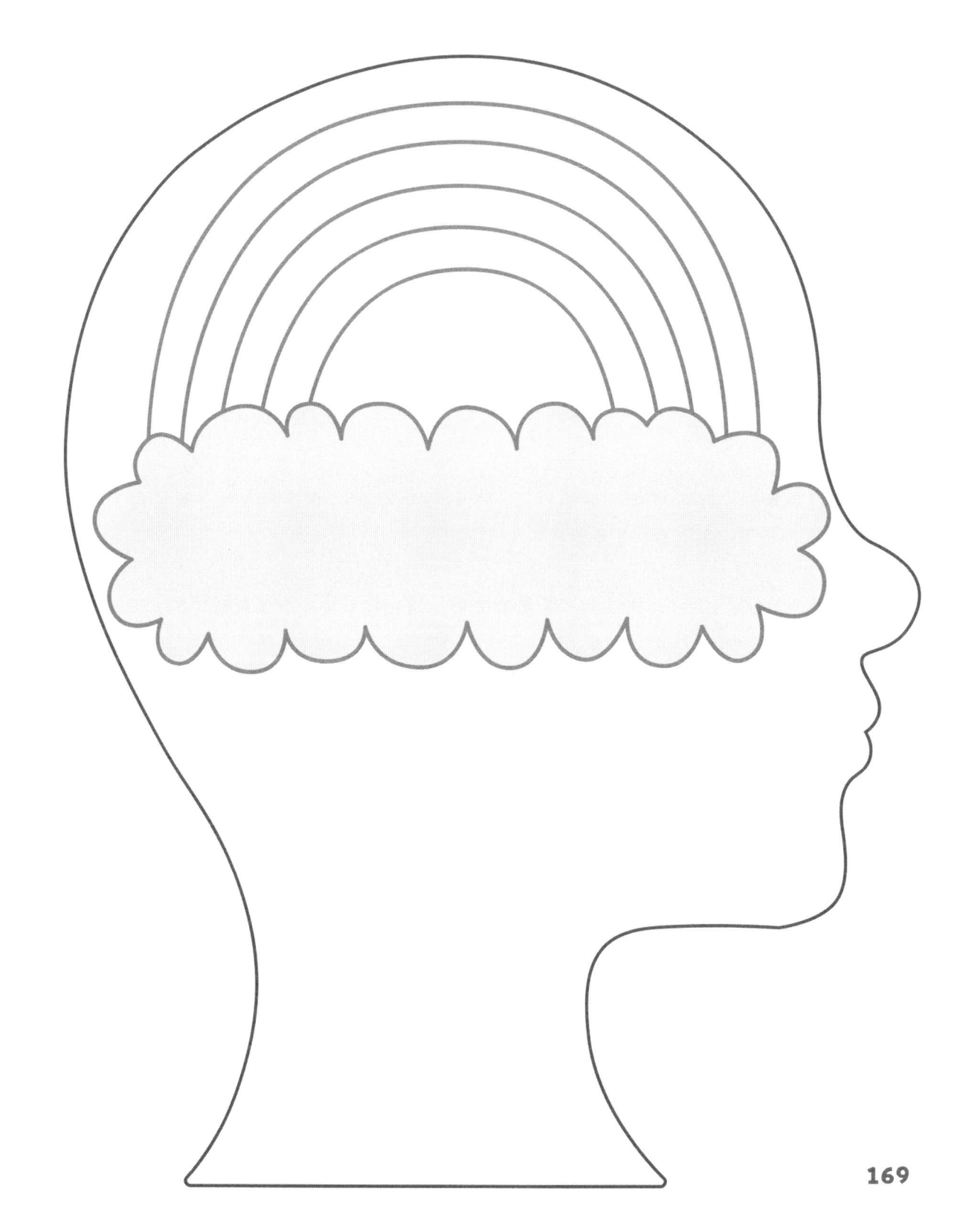

自然に感謝を伝えよう

　感謝の心を育むいい方法があります。それは、自分のまわりの世界に心から注意を向けること。大人といっしょに散歩に出かけましょう。公園や散歩道、自宅の庭でもかまいません。五感をフルに発揮して、見えるもの、聞こえる音、香りや味を感じとって、感謝したいことを見つけましょう。

散歩中に、次のアクティビティで使うための枝を1本、拾ってきてください。長さはえんぴつ2本分くらいです

　散歩から戻ったら、**自分の心を感謝でいっぱいにしてくれる自然に対して、感謝の手紙を書きましょう。**温めてくれる太陽、やわらかくて歩きやすい地面の草、ばしゃばしゃ跳ねると楽しい水たまり、おもちゃ用の枝を分けてくれた樹木——いろいろなことに感謝を伝え、最後に自分の名前をサインします。

_____ さんへ

いつも _____ してくれて
ありがとう。

わたしが _____ になれるのは、
あなたのおかげです。

あなたがそばにいてくれて、本当によかった。

心を込めて

_____ より

感謝の枝を作ろう

感謝の気持ちを示すたびに、脳は前向きな考えや感情を上手に作り出せるようになっていきます。ですから、感謝の気持ちを思い出させてくれるものが近くにあると、感謝することを忘れずに済みます。では、感謝の枝を作りましょう。

必要なもの：木の枝（えんぴつ2本分くらいの長さ）、毛糸（または細長い布）、毛糸につけるビーズ、はさみ

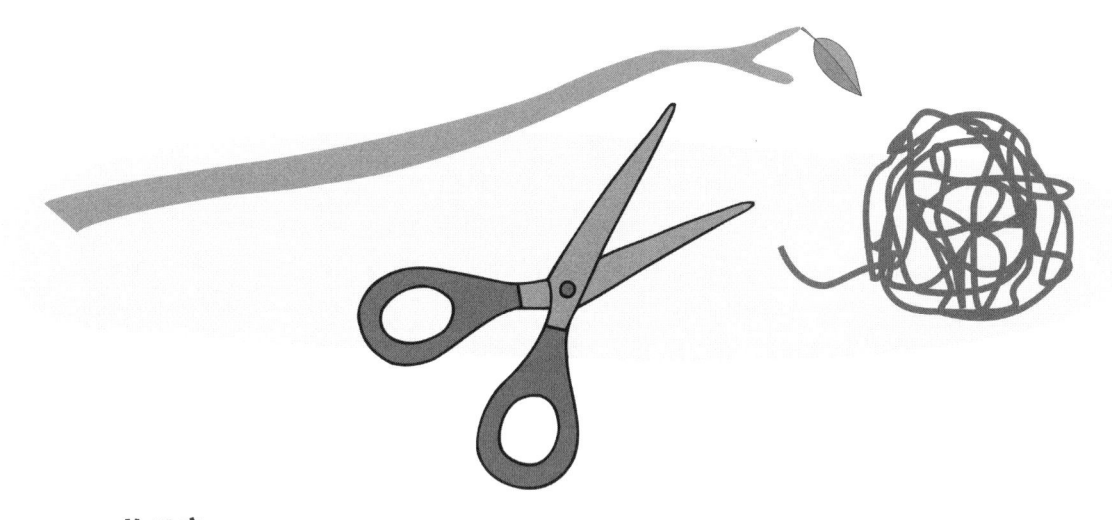

やり方：

1. 毛糸を90センチくらいの長さに切ります。心配なときは、大人に手伝ってもらいましょう。
2. 毛糸の端を枝にしっかりと結びつけます。
3. 毛糸に飾りのビーズを通して、端に結び目を作り、抜けないようにします。

4. その毛糸を、枝にぐるぐると巻いていきます。巻き終わったら、毛糸の端を枝にしっかりと結びつけて結び目を作ります。毛糸を何本か用意して、枝にもっと巻きつけましょう。

感謝の枝が完成しました。これを目につくところに置いておき、できるだけ手に取って、感謝したいことを声に出して言いましょう。

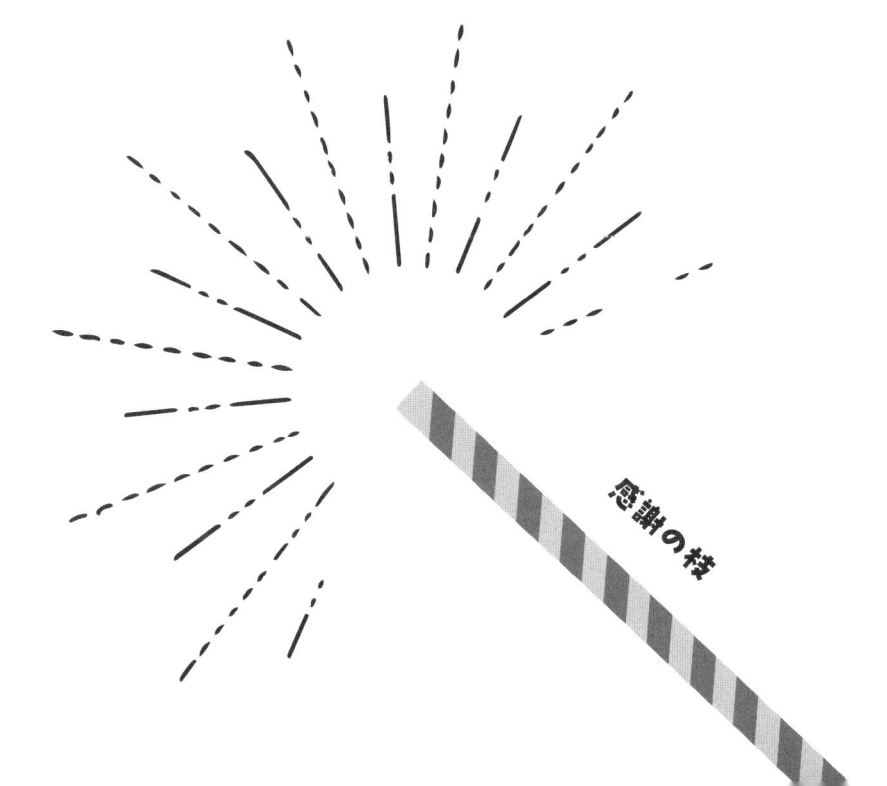

感謝の枝

アクティビティ 77

食べ物を届けてくれる
自然や人に感謝しよう

　わたしたちが健康な体を作るために口にする食べ物はすべて、世界中の農家から届きます。けれども、農家の人の力だけで食べ物を育てることはできません。毎日食べているおいしい食べ物は、水や土、風、太陽などの力も必要です。今回は、自分の健康と体力を支えてくれるすべてのことに感謝をします。まずは、台所から大好物をもってきてください。

　さて、大好物を口に入れる前に、五感すべてを使って食べ物を楽しむことを思い出してください。見た目、手ざわり、におい、味はもちろん、音も楽しみましょう。色や形、独特の香りに気がつくかもしれません。

　その大好物が成長するために必要な地球、水や太陽、風や土など、すべてに対する感謝の言葉を下に書きましょう。

_____

_____

　大好物を栽培する人、収穫する人、箱詰めする人、運ぶ人、すべての人に対する感謝の言葉を下に書きましょう。

_____

_____

_____

大好物を用意してくれるお父さんお母さんなど、すべての人に対する感謝の言葉を下に書きましょう。

_____

_____

　次に、健康な体を作ってくれる食べ物と、自分の元気を支えてくれる体のがんばりに対する感謝の言葉を下に書きましょう。

_____

_____

　感謝を伝えるために、大好物を食べている自分の絵を描いてみましょう。

アクティビティ 78

自分を支えている体を慈しもう

今回のアクティビティでは、自分の心と体を慈しむために、いろいろなヨガポーズをやってみます。一つひとつに挑戦しながら、ポーズをとるときの感覚を意識しましょう。そして、いろいろな動きができるのは体のおかげであることを思い出し、感謝しましょう。ヨガマットがある人はぜひ使ってください。

太陽のポーズ

まずは、太陽のポーズです。両足をぴったりくっつけ、ひざを伸ばし、全身に力をみなぎらせながら立ちます。息を吸いながら、両腕を横にまっすぐ開いて、空へと伸ばしていきます。頭を上に向けて両手を見ながら、自分の健康を守り、暖かさをくれる太陽の力に対する感謝の言葉を口にします。息を吐きながら、頭を前に向け、両手を胸のところまで下ろします。そして、息を吸うたびに取り込まれる新鮮な酸素を全身に運んで、体を支えてくれる力強い心臓に感謝を伝えます。呼吸を止めないように気をつけながら、太陽のポーズを3回繰り返します。

176

**スーパーヒーローの
ポーズ**

次は、スーパーヒーローのポーズです。両足を少し離して、堂々とした姿勢でまっすぐに立ち、両手を腰に当てます。そう、スーパーヒーローのような感じです。次に、息を吸いながらジャンプをし、足を開いて着地します。太ももとふくらはぎと地面で、三角形ができているはずです。両腕は、まっすぐ伸ばして肩の高さまで上げます。両方の足を右のほうに向けます。呼吸を止めないよう気をつけましょう。前足のひざを直角に曲げ、後ろ足をまっすぐに伸ばします。腕はまっすぐに伸ばし、水平に保ちます。呼吸を1、2回したら、息を吸いながら、直角に曲げていたひざをまっすぐにし、両足を前向きに戻します。両手は腰です。スーパーヒーローのパワーを感じられますか？　今度は、同じポーズを左向きでやります。呼吸を2、3回したら、曲げていたひざを伸ばします。両足を前向きに戻し、ジャンプをして両足をそろえて着地します。背中を伸ばして立ち、呼吸を3回します。

今度は、下向きの犬のポーズに挑戦です。ピンと立って息を吸い、吐きながら両ひざを曲げて、両手を床につきます。両足を後ろにずらしてひざを伸ばし、全身で逆さまのVの字をつくります。両手はしっかり床につけます。呼吸を止めないようにしましょう。また息を吸い、吐きながらひざを曲げて、正座します。

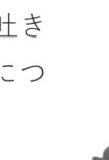

下向きの犬のポーズ

次は、ネコ／ウシのポーズです。 よつんばいになって、両手の指を大きく開きます。肩とひじは床に着いた両手の真上に、お尻は床に着いたひざの真上にくるようにします。背中を平らにして、テーブルになりましょう。息を吸いながら、天井を見上げて背中をそらし、おへそを床に近づけます。息を吐きながら、頭を静かに下げて背中を丸め、おへそを引っ張り上げます。この動きを3〜5回繰り返します。息を吸ったり吐いたりしながら、お腹を上げ下げしてください。息を吸いながら、またテーブルの形になっておしまいです。あとは、ゆっくりと仰向けになり、全身を休めましょう。

ネコのポーズ

ウシのポーズ

最後は、休息のポーズです。 目を閉じて、全身から力を抜いたら、数分間、自分の呼吸に集中します。足、下半身、上半身、両腕、両手、心臓、頭に対し、心の中で感謝しましょう。

休息のポーズ

5つのヨガポーズが終わったあと、どんな気持ちになりましたか？ 当てはまるイラストにマルをつけましょう。

コイントスゲームで遊ぼう

　人間として生まれたのは特別なことです。「いまの自分のこんなところが好きだな」というように、時間をとって振り返ることは、どのくらいありますか？自分の好きなところを考えると、脳と心の中に感謝が育まれます。この方法を友だちといっしょに練習できるゲームに挑戦しましょう。

必要なもの：ペンかクレヨン、10円玉か小石

やり方：

1. 次のページにある「コイントス」ゲーム盤に色を塗りましょう。
2. 本をしっかり開き、できるだけ平らな状態にして、床に置きます。
3. 1メートルほど後ろに下がります。
4. 用意した10円玉か小石を、ゲーム盤に並んだ質問のどれかを狙って投げます（目をつぶって投げると難易度が上がります）。

　　10円玉か小石が乗っかった質問に答えましょう。友だちと交代でやってみてください。

180

チャレンジを
どうやって
乗り越えて
きた？

人間として
生まれたことの
なにが好き？

最近できる
ようになって
うれしいのは、
どんなこと？

やっていて
楽しいことは
なに？

体を使って
なにをすると、
いちばん
楽しい？

いまの年齢で
好きなことは
なに？

最近、
新しく身に
着けたことは
なに？

大切な人に
大切だという
気持ちを伝え
るときはどう
する？

「ポジティブな言葉」ポスターを作ろう

　言葉にはとても大きな力があるのを知っていますか？　このワークブックもそろそろおしまいですが、ここで学んだ言葉で覚えておきたいものはありますか？

　自分だけのポジティブな言葉を選んで、励（はげ）ましが必要なときに力をくれる自分専用のポスターをつくりましょう。自分だけの優しさの願いごと、自分について感謝したいこと、または「忘れたくないな」と思える学びや、練習を続けたいアクティビティを書きましょう。

ポジティブな言葉のパワー

アクティビティ
81

完走おめでとう！

このワークブックを、無事に最後までやりとげましたね。これであなたは、ずっと忘れないマインドフルネスとセルフ・コンパッションのワザを身に着けました。あなた専用の道具箱はたくさんのワザでいっぱいです。そのワザは、つらいことがあったときにあなたを助けてくれるスーパーパワーのみなもとです。

次のページの修了証に、ペンやクレヨンで自分の名前を書き込みましょう。

英語版の修了証は、このサイト（http://www.newharbinger.com/50645）からダウンロードできるので、印刷して飾りつけてください。このワークブックを最後までやり終え、道具箱をいっぱいにできた自分をちゃんとほめましょう。

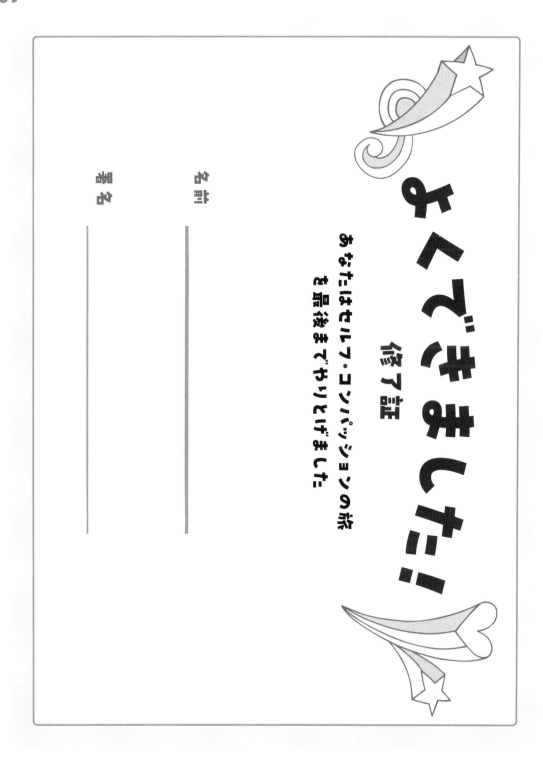

自分だけの道具箱を作ろう

第8章では感謝の気持ちを伝える方法をたくさん学びましたね。感謝することは、いつでもどこでも見つかります。感謝の気持ちは、つらいときにあなたを助ける大きな力になることを忘れないでください。

この章で学んだ方法で、また試してみたいものがあれば、チェックマークをつけましょう。

___ 感謝の島を訪ねよう   ___ 感謝の枝を作ろう   ___ コイントスゲームで遊ぼう

___ 感謝すると脳ではなにが   ___ 食べ物を届けてくれる   ___「ポジティブな言葉」ポ
起きるの？   自然や人に感謝しよう   スターを作ろう

___ 自然に感謝を伝えよう   ___ 自分を支えている体を   ___ 完走おめでとう！
慈しもう

 **分け合うことは思いやること**

友だちに教えてあげたい感謝を示すワザはありますか？ 教えてあげたい友だちの名前とアクティビティやアイデアを、下に書きましょう。

あなたの友だちの名前 _____

分け合いたいこと _____

_____

 **あなたの道具箱はいっぱいになりました。** これで、この先に突き当たる困難を乗り越えられます。人生はらくなことばかりではありません。でも、ここで学んだことを実践すれば、自分自身や大切な人たちの暮らしをいい方向に変えられます。分け合うことは思いやること——これを忘れないでください。

謝辞

　世界中の子どもたちがマインドフルネスを身に着け、困難な時代でも自分自身と仲良くなれるようにと、先頭に立って取り組んだ開拓者精神あふれるすべての教師にこのワークブックを捧げます。そうした教師のみなさんが分かち合った知恵や知識は、これから何世代にもわたって、多くの子どもたちとその家族に影響を与えていくことでしょう。本書誕生のきっかけを作ってくれた「A Friend in Me」コース参加者の親御さんと子どもたちにもお礼を申し上げます。そして、マインドフルネスならびにセルフ・コンパッションという、子どもたちと親御さんが心を静め感情を制御できるすばらしい手段の解明に尽力する研究者のみなさんにも感謝いたします。

　長年にわたってセルフ・コンパッション分野に尽力・貢献してこられたクリスティン・ネフ博士とクリストファー・ガーマー氏に心から感謝の意を表します。両氏の存在なくして、本書は誕生しえなかったでしょう。また、この取り組みを信じ、ワークブック誕生に向けて指南と教材開発の機会を与えてくださったセンター・フォー・マインドフル・セルフ・コンパッション（CMSC）、ならびにカリフォルニア大学サンディエゴ校マインドフルネス・センターにも感謝いたします。最後に、本ワークブックの執筆中、私たちをつねに支え、方向性を示してくれたニュー・ハービンジャー・パブリケーションズのテシリヤ・アノー、カレブ・ベックウィズ、ヴィクラジ・ギルに、心からお礼を述べたいと思います。

　ロレインからみなさんへ：ずっと前のことです。子どもたちと家族にマインドフルネスならびにセルフ・コンパッションを指導することの重要性について、いまは亡き夫ジョンと話し合ったことがありました。愛娘アンナがわずかながら変化し、粘り強さを徐々に身に着けていく姿を、夫ジョンは目の当たりにしたのです。今回、エイミーとともに本書用アクティビティの開発に取り組むなかで、わたしはジョンとの会話を幾度も振り返りました。ジョンが語った言葉はどんなと

きも、わたしを大いになぐさめてくれました。楽しいアクティビティが満載のこのワークブックを完成させたわたしたちを、ジョンは誇りに思ってくれるに違いありません。娘アンナにも感謝します。アンナは、この世界における優しさと思いやりを体現するかがみです。執筆中、わたしたちはアンナの巧みでひねりの効いたユーモアをよく思い出しました。また、大切な友人で同僚のミシェル・ベッカーにも感謝します。広い心と思慮深い思いやりに満ちた理性的な意見に幾度も助けられました。最後に、共著者エイミー・バレンティン博士に心からの感謝を贈ります。このワークブックに貴重な側面が加わったのは、その穏やかな人柄と、子どもや家族を対象にした心理療法で培ってきた豊富な経験のおかげです。

　エイミーからみなさんへ：夫スコットと10代の子どもたち2人に感謝します。わたしが執筆時間を確保できるよう協力を惜しまず、テック面でも力を大いに貸してくれました。マインドフルネス実践者でもある友人で凄腕編集者のキム・エリクソンにもお礼を申し上げます。編集面での貴重な意見をありがとう。わがメンターのロレイン・ホップスにも心から感謝します。マインドフルネス指導法を手ほどきし、ありがたいことに本ワークブックの共同執筆者として声もかけてくださいました。寛容で、独創的な精神と執筆への変わらぬ情熱をもつあなたとともに仕事する機会を与えてくださったことに、心からお礼申し上げます。

参考文献

Germer, C., and K. Neff. 2018. *The Mindful Self-Compassion Workbook: A Proven Way to Accept Yourself, Build Inner Strength, and Thrive*. New York: Guilford Press.

Germer, C., and K. Neff. 2019. *Teaching the Mindful Self-Compassion Program: A Guide for Professionals*. New York: Guilford Press.

Neff, K. 2021. *Fierce Self-Compassion: How Women Can Speak Up, Claim Their Power and Thrive*. New York: HarperCollins.

Siegel, D., and T. Payne Bryson. 2012. *The Whole-Brain Child: 12 Revolutionary Strategies to Nurture Your Child's Developing Mind*. New York: Random House.

〈著者〉
ロレイン・ホッブス（Lorraine M. Hobbs, MA）

カリフォルニア大学サンディエゴ校（UCSD）の家族向け教育プログラム、マインドフルネス・センター創設者兼ディレクター。ティーンエイジャー向けのマインドフル・セルフ・コンパッション・プログラム（MSC-T）の考案者で、MSC-T指導法の開発者。マインドフル・セルフ・コンパッション（MSC）、コンパッション育成トレーニング（CCT）、マインドフルネスストレス低減法（MBSR）の有資格指導者。UCSDマインドフルネス講師養成プログラムのMBSRメンター。親子向けセルフ・コンパッション・コース「A Friend in Me: Self-Compassion for Kids and Parents」を共同開発したほか、子どもと親向けセルフ・コンパッション（Self-Compassion for Kids and Parents）、自閉症スペクトラム症など神経学的マイノリティの子どもを持つ親を対象にした育児におけるセルフ・コンパッション・プログラム（CiP：Compassion in Parenting Program）にも携わる。共著に『Teaching Self-Compassion to Teens（ティーン向けセルフ・コンパッション指導法）』（未邦訳）。

エイミー・バレンティン（Amy C. Balentine, PhD）

20年以上の経験を持つ未成年者専門の臨床心理士。セラピーなどを提供するメンフィス・センター・フォー・マインドフル・リビング（Memphis Center for Mindful Living）の創設者兼ディレクター。マインドフルネスストレス低減法（MBSR）の有資格指導者。UCSDマインドフルネス・センターでマインドフルネスの指導も行うほか、学校、非営利組織、企業向けマインドフルネス・クラスや研修にも携わる。親子向けセルフ・コンパッション・コース「A Friend in Me: Self-Compassion for Kids and Parents」の共同開発者。

〈まえがき執筆〉
クリスティン・ネフ（Kristin Neff, PhD）

セルフ・コンパッション研究の草分けとして、15年以上前にセルフ・コンパッションに関する実証的研究を実施。セルフ・コンパッションに関する論文多数。共著のほか、著作『セルフ・コンパッション』（金剛出版）などがある。同僚クリストファー・K・ガーマーと共同で、8週間のトレーニングコース「マインドフル・セルフ・コンパッション」を開発したほか、世界各地でセルフ・コンパッションに関するセミナーを開催している。

〈監修者〉

小林亜希子（こばやし・あきこ）

マインドフルネス心理臨床センター代表。公認心理師・臨床心理士・MBRP講師・MBSR講師（qualified teacher）・MSC講師（trained teacher）。慶應義塾大学社会学研究科社会学専攻（臨床心理学）修士課程修了横浜市立大学、関東学院大学、上智大学等で学生相談・神奈川県・東京都のスクールカウンセラー事業に従事。また、母子生活支援施設、東京都立多摩総合精神保健福祉センターでDV被害者支援や依存症支援に従事し、カウンセリングと認知行動療法に基づく集団療法を行う。これまで300回以上、3,000人以上のマインドフルネス指導経験がある。共著『やめられない！を手放すマインドフルネス・ノート』日本評論社（2022）

〈監修協力〉

小澤えりか（おざわ・えりか）

マインドフルネス心理臨床センター所属。公認心理師・臨床心理士。桜美林大学大学院心理学研究科臨床心理学専攻修士課程修了。教育センターで特別支援教育巡回指導員、保健福祉センター子育て課、心療内科・精神科クリニック、私立女子大学学生相談で心理相談・カウンセラー事業に従事。

藤瀬涼花（ふじせ・すずか）

マインドフルネス心理臨床センター所属。九州大学共創学部卒業。九州大学大学院人間環境学府実践臨床心理学専攻 専門職学位課程2年在学中。MBSR8週間プログラム・MSC8週間プログラム修了。

〈訳者〉

遠藤康子（えんどう・やすこ）

出版翻訳とウェブニュース翻訳に従事。訳書に『子どものためのアンガーマネジメント・ワークブック』（ヤマハミュージックエンタテイメントホールディングス）、『VISUAL THINKING　組織を活性化する、ビジュアルシンキング実践ガイド』『VISUAL DOING 仕事に役立つ、ビジュアル活用ガイド』（ビー・エヌ・エヌ新社）ほか。

子どものためのセルフ・コンパッション
―― マインドフルネスで自分を思いやる81のワーク

2024年9月10日　第1版第1刷　発行

著　者　　ロレイン・ホッブス、エイミー・バレンティン
監修者　　小林亜希子
訳　者　　遠藤康子
発行者　　矢部敬一
発行所　　株式会社 創元社　https://www.sogensha.co.jp/

　　　　　本　社　　〒541-0047 大阪市中央区淡路町4-3-6
　　　　　　　　　　Tel.06-6231-9010 Fax.06-6233-3111
　　　　　東京支店　〒101-0051東京都千代田区神田神保町1-2田辺ビル
　　　　　　　　　　Tel.03-6811-0662

翻訳協力　　　　株式会社トランネット　https://www.trannet.co.jp/
ブックデザイン　HON DESIGN
印刷所　　　　　TOPPANクロレ株式会社

©2024 TranNet KK
ISBN978-4-422-11804-8 C0011
Printed in Japan

落丁・乱丁のときはお取り替えいたします。

JCOPY 〈出版者著作権管理機構委託出版物〉
本書の無断複製は著作権法上での例外を除き禁じられています。複製される場合は、そのつど事前に、
出版者著作権管理機構（電話03-5244-5088、FAX 03-5244-5089、e-mail: info@jcopy.or.jp）の許
諾を得てください。